잠든 사이 통장에 돈이 쌓이는

미국주식
투자 공식

잠든 사이 통장에 돈이 쌓이는

미국주식 투자 공식

도키의 돈을 잃지 않는
미국주식 투자 바이블

도키 지음

마음 편한 장기투자로 100배 수익을 노려라!

펀더멘털과 밸류에이션, 두 가지만 알면 성투할 수 있다
당신이 잠든 사이 달러가 일하게 하라

원앤원북스

미국주식에서
길을 찾다

미국 대형주 지수 S&P500은 2023년에 이어 2024년에도 25%가 넘는 수익률을 기록했습니다. 2025년을 앞두고 도이치은행, 골드만삭스, JP모건 등은 올해에도 S&P500이 다른 국가의 주가지수보다 더 높은 수익률을 올릴 것이라고 예측한 바 있습니다. 실제로 다우존스마켓데이터에 따르면 전 세계 주식 시장에서 미국주식의 시가총액이 차지하는 비중은 최근 50%를 넘어섰습니다. 이는 2001년 말 이후 최고 수준입니다.

그렇다고 낙관론만 있는 것은 아닙니다. 이러한 상승세가 일부 대형 기술주에 편중되어 있다는 지적도 있습니다. 역사를 돌아보면 증시가 가파르게 상승했을 때 조정이나 대세 하락장이 이어지는 경우도 적지 않습니다.

리사 쿡 연준 이사는 2025년 1월 6일, 미국주식과 회사채 시장의 평가가치(밸류에이션)가 매우 높은 수준에 있다며 하락 가능성을 경고했습니다. 그녀는 미시간대학교 법학전문대학원에서 열린 '경제 및 금융 안정성에 대한 평가'를 주제로 한 강연에서 "주식 및 회사채를 포함한 다수 자산군의 평가가치가 높은 수준에 있다"라고 주장했습니다. 그녀는 "시장이 매우 낙관적인 가정에 기반해 가격을 반영했고, 따라서 나쁜 뉴스나 투자자 심리 변화에 따른 큰 하락에 취약할 수 있음을 의미한다"라고 덧붙였습니다.

또 〈파이낸셜타임스〉는 현재 미국주식의 가치가 지나치게 높아 여러 운용사가 고객에게 위험자산보다는 상대적으로 안전한 자산

쪽으로 '방어 투자'할 것을 권고하고 있다고 보도했습니다.

그렇다면 앞으로는 시장이 다를 수 있으니 잠시 손을 놓고 관망해야 하는 걸까요? 아닙니다. 그럼에도 우리는 투자를 해야 합니다. 투자는 1~2년 잠깐 일확천금을 노리고 치고 빠지는 단기 레이스가 아닙니다. 평생을 이어가야 하는 마라톤입니다. 한두 해 성과에 일희일비하지 않고 건강하게 오랫동안 투자를 이어가기 위해서는 기업의 펀더멘털부터 밸류에이션, 그리고 거시경제적 요소까지 꼼꼼히 챙기고 따져야 합니다.

전작 『도키와 함께하는 미국주식 어디에 투자할까』에서 개별 기업 위주로 접근했다면, 이번에는 어떠한 방법으로 시장을 바라보고 종목을 분석하고 공부해야 하는지 공유하기 위해 이 책을 집필하게 되었습니다. 그동안 유튜브 '도키와 미국주식'을 통해 수만 명의 구독자를 대상으로 기업과 거시경제를 분석하고, 시황과 앞으로의 전망을 이야기하며 터득한 노하우를 이 책에 담았습니다. 네이버 프리미엄콘텐츠(제테크 부문 6위)를 통해 강의한 거시경제 정보 및 저평가 우량주 분석 정보 역시 제공할 예정입니다.

종목을 고르고 매수·매도 버튼을 누를 때마다 불안하고 초조한 이유는 무엇일까요? 확신이 없기 때문입니다. 이 책에서는 여러분이 그러한 걱정과 불안에 휩싸이지 않도록 미국주식 투자 '방법론'에 대해 설명할 것입니다. 주가가 올라가는 가장 기본적인 전제 조건은 '내가 좋은 기업의 주식을 저렴한 가격에 보유하고 있는가?'입니다. 이에 대한 의사 판단 기준과 근거가 궁금한 개인 투자자라면 이 책을 꼭 필독하길 권합니다.

물론 단순히 방법론에 대해 안다고 해서 모든 것이 해결되는 것은 아닙니다. 주식 시장은 매일매일 변화무쌍합니다. 왜 이 기업에 투자하는지 명확한 근거가 확립되어야 하고, 주주가 된 이후부터는 투자에 대한 근거가 유효한지를 꾸준히 모니터링하며 리스크를 가늠해야 합니다. 운에 의존하는 것이 아니라, 장기적으로 돈을 잃지 않는 투자를 하기 위해서는 이러한 과정에 익숙해져야만 합니다.

주주는 기업의 주인입니다. 자신이 투자한 기업에서 무슨 일이 일어나고 있는지 알지 못한다면 돈을 잃는 것은 당연합니다. 주식시장은 매일 내가 투자한 기업에 대해 새로운 가격을 제시합니다. 주주로서 이 회사가 이 정도 값어치는 한다는 기준이 있어야만 변동성에 흔들리지 않을 것입니다.

물론 소위 '개미'는 투자에 대한 정보를 빨리 얻을 수 없어 불리하다는 의견도 타당합니다. 하지만 그것은 단기적인 트레이딩에만 적용되는 것일 뿐, 결국 주가는 기업의 실적에 따라 좌우되므로 개미도 얼마든지 장기적으로 성과를 낼 수 있습니다. 따라서 주주로서 책임감을 갖고 공부하는 태도가 매우 중요합니다.

많은 사람이 말합니다. 주식 투자는 위험하며 결국 언젠가는 돈을 잃게 된다고 말이죠. 하지만 투자를 함에 있어서 명확하고 올바른 기준이 있고, 그 기준에 따라 투자한다면 장기적으로 '로우 리스크 하이 리턴(Low Risk, High Return)'의 결과를 얻을 수 있습니다. 투자로 든든한 제2의 소득을 얻고 싶나요? 미국주식에 그 길이 있습니다.

도키

차례

2장.
좋은 주식
vs. 나쁜 주식

3장.
당신의 주식은
정말 저렴한가?

4장.

채권과
거시경제 지표들

5장.

실전 투자 따라잡기

"위험은 자신이 무엇을 하는지
모르는 데서 온다"
_워런 버핏

1장.

미국주식,
지금이라도 늦지 않았다

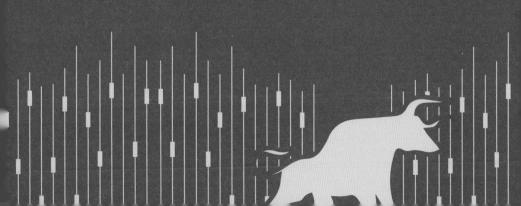

왜 미국주식 투자인가?

누구나 기업이 지닌 본연의 가치가 중요하다고 이야기하지만, 사실 주식 앱을 켜면 제일 먼저 보이는 게 현란한 차트입니다. 처음에는 저도 기업에 대한 공부보다는 차트 분석에 의존해 투자를 하곤 했습니다. 여러 가지 차트 기법에 대해 공부하고, 나름대로 이론을 접목시켜 스윙을 치면서 수익을 꾸준히 쌓아나갔죠. 하지만 매번 좋았던 것은 아닙니다. 유명한 차트 기법도 변수 없이 들어맞는 경우는 거의 없었고, 언론에서 흘러나오는 여러 소음으로 인해 주가는 요동치기 십상이었죠.

그런데 가장 큰 문제는 따로 있었습니다. 혹시 한국주식에 투자해본 적이 있나요? 투명하지 않은 한국의 기업 문화는 투자에 있어서 큰 장애가 되었습니다. 나만의 원칙을 구성하는 데 많은 장애가 되었죠. 주가가 오르는 메커니즘은 간단합니다. 기업이 영업활동을 통해 수익을 내고, 비용을 제외하고 남은 잉여현금흐름을 이용해서 기업 인수, 부채 탕감, 자사주 매입 혹은 배당금을 인상함으로써 주주들의 가치를 드높이는 과정에서 주가는 오릅니다. 이를 매우 중시하는 미국 시장은 오랜 시간에 걸쳐 기업을 대상으로 주주 환원을 요구해왔고, 이에 따라 오늘날 주주를 존중하는 문화가 매우 잘 잡혀 있게 되었습니다.

한국주식은 어떤가요? 주주문화가 제대로 자리 잡혀 있지 않습니다. 웬만한 대기업 외에는 자사주 매입을 한 것을 본 적이 거의 없죠. 배당금의 경우 대부분 1년에 한 번 지급할 정도로 주주들에 대한 처우가 미흡합니다. 기업이 수익을 내고 사내유보금을 이용해서 주주 환원을 하기보단 말 그대로 현금항목(Cash & Cash Equivalents)에 유치해두는 경우가 많습니다.

주가가 올라가면 유상증자를 하기 부지기수입니다. 부채 탕감은 그렇다고 치더라도 내가 투자하고 있는 기업이 자사주 매입을 통해 주식을 소각시키지도 않고, 1년에 고작 한 번 주는 배당금마저 인상해주지 않는다면 어떤 주주가 장기투자를 고려할까요? 주주들로 하여금 장기투자를 할 수 있는 모티브가 전혀 없는 것입니다.

미국주식은 다르다

이에 반해 미국주식은 장기투자를 하는 데 적합한 환경을 제공합니다. 미국인은 '401K'라고 하는 은퇴자금용 계좌가 있는데요. 이것은 고용주가 직원에게 제공하는 은퇴 플랜으로, 직원이 저축하는 금액 외에도 직원의 연소득에서 적게는 1%에서 많게는 6%까지 추가로 적립해줍니다. 59세 이전에 인출 시 10%에 달하는 상당한 페널티를 부과함으로써 장기투자를 권장하고 있죠.

한국에서는 대다수의 직장인이 단타를 통해서 수익을 추구한다면, 미국에서는 대다수의 직장인이 장기투자를 통해 꾸준히 부를 축적합니다. 그만큼 주주를 위한 문화가 잘 조성되어 있기 때문에 주가 또한 꾸준히 우상향합니다. 하지만 필자가 미국주식을 더 선

【 주요 자산군 가격 추이 】

(2015년 1월=100p)   ---나스닥(환율 반영) —나스닥 —S&P500 —서울 아파트 —금 —코스피 —코스닥

호하는 것은 이러한 본질적인 구조뿐만은 아닙니다.

생각해보세요. 투자의 대가들은 왜 대다수가 미국에 있을까요? 투자의 대가라고 불린다는 것은 말 그대로 꾸준히 초과수익을 갱신하면서 변동성 가득 찬 주식 시장에서 살아남았다는 뜻입니다. 주가는 신도 모른다고 하지만, 투자의 대가들이 미국에 잔뜩 존재

잠든 사이 통장에 돈이 쌓이는 미국주식 투자 공식

한다는 것은 미국주식 시장이 자신만의 투자 철학을 구현하기 좋은 환경임을 증명합니다.

2024년 12월 12일 나이스신용평가 보고서에 따르면, 투자 자산군별 최근 10년 가격 추이를 보면 코스피·코스닥의 수익성이 가장 저조하고 위험도가 높았던 것으로 나타났습니다. 2015년 1월을 기준(=100)으로 잡고 주요 자산마다 가격지수를 비교하면, 나스닥은 원화 환산 시 550에 육박하고 달러 기준으로는 400 초반, S&P500은 약 300, 서울 아파트는 250 초반, 금은 200 초반에 달했습니다. 코스피와 코스닥은 어땠을까요? 125 안팎에 불과했습니다. 미국주식에 비해 한국주식은 수익성은 크게 낮고 위험도는 크게 높은 편이었습니다.

다른 자산군에 비해 한국주식이 부진했던 이유는 무엇일까요? 성장하지 못해서일까요? 아닙니다. 삼성증권과 블룸버그 자료에 따르면, 2002년 초 코스피(748)와 시가총액(280조 원)을 기준(=100)으로 잡고 환산했더니 코스피 시가총액은 22년 동안 약 8배 증가한 반면, 코스피 상승률은 시가총액 증가분의 절반에도 미치지 못했습니다. 시가총액과 지수 간 격차가 무려 2배 이상인 것이죠. 반면 미국 증시는 시가총액과 지수가 커플링(동조화)합니다. 같

【 한국과 미국 증시 비교 】

코스피와 시가총액

1,000

783.2

700

시가총액

400 371.5

지수

100

2002년 1월   2024년 7월 3일

나스닥과 시가총액

946.9

932.2

지수

시가총액

시가총액

100

2002년 1월   2024년 7월 2일

*2002년 지수, 시총 100p 기준

은 기간 나스닥 시장과 비교하면 시가총액과 지수가 비례함을 알
수 있습니다. 잦은 기업공개(IPO)와 분할상장으로 지수가 오르지
못하는 한국과 달리, 미국 기업은 자사주를 매입하고 동시에 소각
하거나 배당을 늘리는 등 주주 환원에 애쓰는 모습을 보입니다.

한국주식 시장은 상장사의 공시 번복, 의무 불이행 등 기존 주주
들의 권리를 훼손할 수 있는 사례가 속출합니다. 해마다 이런 '불
성실 공시 법인'으로 지정되는 기업의 수가 줄지 않고 있습니다.

불성실 공시 법인으로 지정되는 기업이 매해 100여 곳을 훌쩍 넘기고 있습니다. 불성실 공시 법인 문제로 피해를 보는 것은 주주들입니다. 중요한 사항을 뒤늦게 알리거나 정정해서 주가가 급락하면 투자자는 손실을 볼 수 있고, 장기적으로는 주식 시장에 대한 신뢰도가 저하됩니다.

미국주식에 투자하다 보면 정보에 대한 접근성 및 투명성에 감탄하곤 합니다. 저 또한 직장인인지라 시간이 부족해 다양한 유료 서비스를 구독해 정보를 얻는데요. 기업을 파악하고 분석하는 툴이 정말 다양합니다. 미국은 기업의 비즈니스 모델과 펀더멘털을 파악하고, 밸류에이션을 알아보고, 기업 및 산업의 전망 공부하기가 정말 좋습니다. 투자를 고려하는 기업에 대해 정말 상세하게 알아보고 정석적인 투자가 가능하다는 것이 미국주식 시장의 장점이라고 생각합니다.

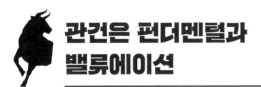

관건은 펀더멘털과 밸류에이션

저는 밸류에이션을 중시하는 가치투자자입니다. 쉽게 말해 주식이 가치주이든, 성장주이든 펀더멘털 대비 비싸면 사지 않고 저렴하면 삽니다. 이러한 판단이 가능하려면 2가지를 알아야 합니다. 하나는 거시경제 혹은 개별 기업의 펀더멘털이고, 다른 하나는 저렴한지 혹은 비싼지를 가늠하게 하는 밸류에이션입니다. 펀더멘털과 밸류에이션을 명확하게 이해하면 특정 자산을 저렴하게 살 수 있습니다. 개인투자자로서 시간을 자신의 편으로 만들어 장기간 안정적인 투자를 하고 싶다면 반드시 이 2가지를 확인해야 합니다.

펀더멘털과 밸류에이션을 어디서부터 적용하느냐에 따라 톱다운(Top Down)과 보텀업(Bottom Up) 스타일로 나뉩니다. 거시경제를 기준으로 본다면 톱다운 스타일이고, 개별 주식을 기준으로 본다면 보텀업 스타일입니다.

저는 인덱스에 투자하지 않고 개별 주식에 집중하는 보텀업 스타일에 가까운데요. 즉 기업의 펀더멘털과 밸류에이션을 우선순위에 두고 투자하고 있습니다. 하지만 장기적인 흐름은 거시경제의 영향을 받는 만큼, 거시경제를 매일 현재진행형으로 파악하면서 혹시나 모를 상황에 대비합니다.

예를 들어 2022년과 같이 인플레이션 우려에 따라 연준이 금리를 올리고 국채금리가 급등하는 상황에서는, 거시경제 측면에서 펀더멘털이 불안해지고 채권 대비 주식 시장의 매력도가 떨어집니다. 이때는 현금 보유액을 늘려야 합니다. 반대로 인플레이션 혹은 경기 침체 등 거시경제의 펀더멘털에 문제가 없고 투자하기 안전한 환경이라면 현금 보유액을 최대한 줄입니다. 거시경제가 좋지 않을 경우 현금 보유액을 늘릴 뿐이지 투자를 하지 않는 것은 아닙니다. 왜냐하면 항상 저평가된 시장은 있기 마련이고, 시간만 자신의 편이라면 저평가된 우량주는 결국 적정 주가로 수렴하기 때문입니다.

원유 섹터와 테슬라에
주목하는 이유

그럼 저는 주로 어떤 섹터를 대상으로 투자하고 있을까요? 제가 주로 투자하는 섹터는 원유 섹터와 테슬라, 그리고 이 밖에 저평가된 기업입니다. 얼핏 보면 가치주인 원유주와 성장주인 테슬라가 이해관계에 있어서 충돌하는 것처럼 보입니다. 그러나 장기적인 관점에서 바라보면 꼭 그렇지만은 않습니다.

우선 원유주 섹터를 대상으로 투자하는 이유는 크게 2가지입니다. 첫째, 현재 매우 저평가 상태입니다. 둘째, 원유는 경기 사이클을 탑니다. 원유주는 에너지 섹터에 위치한 기업으로 밸류에이션 카테고리(PER, PBR, EV/EBITDA)로 비교해보면 다른 섹터 대비 모두 저평가 상태임을 알 수 있습니다. 여기서 저평가란 분자에 있는 주가가 분모에 있는 EPS(주당순이익), BPS(장부가액) 혹은

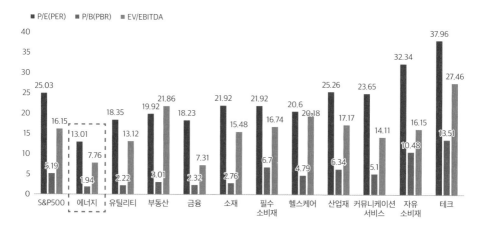

【 S&P500 섹터별 밸류에이션 지표(2025년 1월 4일 기준) 】

EBITDA(세전영업이익) 대비 적게 올랐음을 의미합니다.

저평가 상태라고 해서 영원히 기업이 저평가로 머물러 있는 것은 아닙니다. 원유 기업들의 실적은 유가에 연동되며, 유가는 철저히 수요와 공급에 의해 가격이 결정됩니다. 유가가 높으면 수요가 약해져서 유가가 약해지기 마련이고, 반대로 유가가 낮으면 수익성이 낮아지는 탓에 기업들이 공급량을 조절함에 따라 유가가 강해집니다. 즉 사이클이 존재하기 때문에 얼마든지 1년이라는 기간에 걸쳐서 매수와 매도를 반복적으로 해나갈 수 있습니다.

하지만 성장주인 테슬라는 그렇지 않습니다. 성장주에는 시장 프리미엄이 붙기 때문에 거시경제적으로 혹은 기업 내부적으로 큰 악재가 생기지 않은 다음에야 저렴해지기 쉽지 않습니다. 최근 테슬라는 2024년 3분기 실적 턴어라운드와 2024년 대선이 상승의 기폭제가 되었습니다. 따라서 조정이 왔을 때 사고(Buy), 주가가 과매수 영역에 왔을 때는 보유(Hold)하는 등의 방법으로 장기 투자를 하는 것이 유효합니다. 중요한 것은 언제가 과매도에 의한 조정이고, 언제가 과매수인가를 구분해내는 것인데요. 이 부분은 후술하겠습니다.

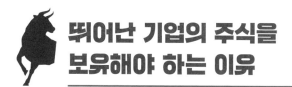

뛰어난 기업의 주식을
보유해야 하는 이유

펀더멘털에
답이 있다

RPG 게임을 해본 적이 있나요? 학창시절에 RPG 게임을 즐겨했는데요. 게임 내에서 임무를 완수하는 데 필요한 최적의 파티원을 구성하기 위해 노력한 기억이 있습니다. 주식 또한 마찬가지입니다. 다양한 종목으로 포트폴리오를 구성하기 전에, 과연 종목 하나하나가 좋은 실적을 내고 있는지 파악해야 합니다. 파티원을 모으기 전에 파티원의 상태를 면밀히 검토해야 게임에서도, 투자에서도 좋은 성과를 일궈낼 수 있습니다.

펀더멘털을 확인하는 기준은 무엇일까요? 바로 실적입니다. 하지만 한 번 좋은 실적을 냈다고 해서 그 기업이 정말 좋은 기업일까요? 선수가 어쩌다 한두 시즌 좋은 퍼포먼스를 보여줬다고 해서, 그 선수의 퍼포먼스가 영원히 좋을 것이라 단정해선 안 됩니다. 기업 또한 좋은 실적을 한두 번 보여준다고 해서 시장에서 인정받는 것은 아닙니다. 오랜 기간에 걸쳐 좋은 실적을 꾸준히 증명해야만 포트폴리오에 남아 장기투자의 대상이 되는 것이죠.

그럼 펀더멘털이란 건 왜 이렇게 중요할까요? 주식은 부동산과 달리 굉장히 높은 변동성을 동반합니다. 부동산에 비해 매매가 매우 쉽기 때문에 개개인의 판단은 거시경제 혹은 개별 기업의 이슈에 쉽게 흔들리기 마련이죠. 주가의 흐름은 매우 변동적일 수밖에 없습니다. 이러한 흐름 속에서 기준이 되는 중요한 지표가 바로 해당 기업의 펀더멘털입니다. 왜냐하면 주가는 장기적으로 실적에 수렴하기 때문입니다. 기업이 실적을 잘 내면 주가는 올라가고, 반대로 기업이 실적을 못 내면 주가는 떨어진다는 아주 간단한 원칙입니다.

"주식은 로또가 아니다. 주식 뒤에는 회사가 있다. 회사가 잘하면 주식도 오른다."

피터 린치가 괜히 이렇게 말한 게 아닙니다.

누군가는 "실적이 좋아도 주가가 떨어지던데?"라고 말할 수 있습니다. 실적과 가이던스가 좋으면 장기적으로 우상향하지만 항상 그런 것은 아닙니다. 기업의 실적이 좋다는 기준이 조금씩 다르기 때문입니다. 일반적으로 시장이 정해놓은 EPS와 매출액, 그리고 가이던스를 돌파했는지의 여부에 달려 있습니다. 실적이 좋아도 주가가 하락하는 이유는 시장이 이미 실적이 잘 나올 것을 예측하고 선반영해 주가를 올려놓아서 그렇습니다.

'선반영'이라는 기준은 엄연히 존재합니다. 2024년 2분기 엔비디아의 매출액 컨센서스는 28.85B로 2024년 1분기 때 엔비디아가 제시한 28B에 의해 잡힌 수치입니다. 참고로 여기서 'B'는 10억 달러를 의미합니다. 즉 28B는 280억 달러를 의미합니다. 2024년 2분기 엔비디아는 28.85B를 능가하는 30.04B라는 매출액을 달성했고, 이후 가이던스는 32.50B를 제시합니다. 실적 발표 이후 주가는 어땠을까요? 약 6% 하락하는 모습을 보여줍니다. 실

Ann Date	Per	Reported	Estimate	%Surp	Guidance	%Guid Surp	%Px Chg
02/21/2025	Q4 25		37.016B		37.0B		
11/20/2024	Q3 25	35.08B	33.21B	5.51%	32.5B		
08/28/2024	Q2 25	30B	28.817B	4.24%	28.0B	7.29%	-6.38%
05/22/2024	Q1 25	26B	24.692B	5.47%	24.0B	8.52%	9.32%
02/21/2024	Q4 24	22.1B	20.405B	8.32%	20.0B	10.52%	16.40%
11/21/2023	Q3 24	18.1B	16.09B	12.62%	16.0B	13.25%	-2.46%
08/23/2023	Q2 24	13.5B	11.042B	22.32%	11.0B	22.79%	0.10%
05/24/2023	Q1 24	7.192B	6.515B	10.39%	6.500B	10.65%	24.37%
02/22/2023	Q4 23	6.051B	6.019B	0.52%	6.000B	0.85%	14.02%
11/16/2022	Q3 23	5.931B	5.800B	2.25%	5.900B	0.53%	-1.46%
08/24/2022	Q2 23	6.704B	6.702B	-0.02%	8.100B	-17.28%	4.01%
05/25/2022	Q1 23	8.288B	8.100B	2.32%	8.100B	2.32%	5.16%
02/16/2022	Q4 22	7.643B	7.419B	3.02%	7.400B	3.28%	-7.56%
11/17/2021	Q3 22	7.103B	6.808B	4.33%	6.800B	4.46%	8.25%
08/18/2021	Q2 22	6.507B	6.332B	2.76%	6.300B	3.29%	3.98%
05/26/2021	Q1 22	5.661B	5.417B	4.50%	5.300B	6.81%	-1.35%

엔비디아의 실적 자료. 최근 서프라이즈율을 보면 22.32%를 시작으로 꾸준히 낮아지고 있다.

적은 컨센서스를 돌파했고, 가이던스는 상향 조정되었음에도 주가는 하락한 것이죠. 왜일까요?

추후 밸류에이션에 대해 자세히 설명하겠지만, 우선 엔비디아는 밸류에이션상 고평가를 받고 있는 기업입니다. 고평가라는 것은 미래의 실적이 이미 선반영되어 있다는 의미인데요. 엔비디아가 컨센서스 이상의 실적을 보여주는 것은 아주 기본적인 조건인 것이죠. 엔비디아는 28.85B라는 매출액 컨센서스 대비 30.04B 매출액을 보여줌으로써 기본적인 조건은 만족한 것으로 보입니다. 그러나 컨센서스 대비 4.1%밖에 만족시키지 못했음을 알 수 있습니다. 서프라이즈율(컨센서스 대비 실적 돌파율)을 보면 22.32%를 시작으로 꾸준히 낮아지고 있습니다. 4.1%의 서프라이즈율은 엔비디아 입장에선 낮은 수치인 것입니다.

시장이 특히나 실망한 부분은 바로 가이던스였습니다. 엔비디아는 가이던스를 28B에서 32.50B로 상향 조정했지만 그럼에도 반응은 좋지 않았습니다. 왜일까요? 시장이 예측한 31.85B와 엔비디아가 제시한 32.50B의 가이던스가 크게 차이가 나지 않았기 때문입니다. 월가의 애널리스트는 엔비디아가 가이던스를 매분기 4B씩 상향 조정했음을 알고 있고, 이에 따라 미래의 매출액 컨센서스 또한 미리 세팅해놓았습니다. 실제로 월가는 엔비디아의 매출액 가이던스를 2024년 3분기 31.85B로 미리 잡아놓았고, 2024년 4분기는 34.97B로 잡아놓았습니다. 2024년 3분기 31.85B라는 매출액 가이던스는 엔비디아가 제시한 32.50B라는 가이던스 대비 고작 0.65B밖에 차이가 나지 않습니다.

이미 주가는 높은 가이던스를 선반영한 상태인데, 서프라이즈율은 매분기 낮아지고 있습니다. 가이던스 또한 컨센서스 대비 크게 상회하는 모습을 보여주지 못하고 있기에 주가가 하락하게 된 것입니다. 2024년 2분기 엔비디아의 실적 발표가 있기 전, 유튜브와 네이버 프리미엄콘텐츠를 통해 미리 여러 관점에서 선행분석을 해놓은 바 있습니다. 읽어보면 이해하는 데 도움이 될 것입니다.

이처럼 기업의 펀더멘털을 파악하는 것도 중요하지만, 시장이 강한 펀더멘털을 주가 상승으로 미리 반영한 건 아닌지 파악해야 합니다. 이 부분은 추후 밸류에이션에 대해 이야기할 때 자세히 살펴보겠습니다.

구글
vs. 버진 갤럭틱

피터 린치는 회사가 잘하면 주식도 오른다고 했죠? 펀더멘털이 좋은 기업들은 대외적 상황이 어떻든 준수한 실적을 보여줍니다. 예를 들어 펀더멘털이 훌륭한 기업인 구글의 과거 실적을 볼까요?

2021년 1분기부터 2024년 3분기까지의 실적을 보면 EPS와 매출액(Revenue)이 컨센서스 대비 매우 양호한 모습입니다. EPS

【 구글 분기별 실적 】

시기	EPS	Beat/Miss	Revenue	YoY	Beat/Miss
2024년 3분기	2.12	0.27	88.27B	15.09%	2.05B
2024년 2분기	1.89	0.05	84.74B	13.59%	445.49M
2024년 1분기	1.89	0.39	80.54B	15.41%	1.84B
2023년 4분기	1.64	0.04	86.31B	13.49%	1.03B
2023년 3분기	1.55	0.10	76.69B	11.00%	960.97M
2023년 2분기	1.44	0.10	74.60B	7.06%	1.85B
2023년 1분기	1.17	0.10	69.79B	2.61%	981.59M
2022년 4분기	1.05	-0.12	76.05B	0.96%	-440.85M
2022년 3분기	1.06	-0.20	69.09B	6.10%	-1.55B
2022년 2분기	1.21	-0.08	69.69B	12.61%	-133.57M
2022년 1분기	1.23	-0.05	68.01B	22.95%	85.49M
2021년 4분기	1.53	0.17	75.33B	32.39%	3.50B
2021년 3분기	1.40	0.24	65.12B	41.03%	1.83B
2021년 2분기	1.36	0.41	61.88B	61.58%	5.80B
2021년 1분기	1.31	0.53	55.31B	34.39%	3.62B

와 매출액이 둘 다 컨센서스를 만족시키지 못한 시기는 2022년 2~4분기 때뿐입니다. 2022년 연준에서 금리를 공격적으로 올리기 시작하면서 다른 통화 대비 달러가 매우 강해졌고 이로 인해 환차손이 발생합니다. 더불어 세계 경제가 악화되면서 광고 수익이 부진해졌죠. 이러한 변수가 아닌 이상 구글은 웬만해서는 실적을 달성하고 있음을 알 수 있습니다.

그럼 반대로 펀더멘털이 매우 약한 기업이라고 할 수 있는 버진 갤럭틱은 어떨까요? 참고로 버진 갤럭틱은 민간 우주 기업입니다. 버진 갤럭틱의 경우 구글과 달리 EPS와 매출액 모두 상당 부분 컨센서스를 만족시켜주지 못하고 있습니다. 일반적으로 실적과 가이던스가 컨센서스를 만족시키면 실적 발표 당일 주가는 크게 올라가고, 만족시키지 못하면 주가는 크게 하락합니다. 펀더멘털이 약한 기업은 실적이 잘 나올 확률이 상대적으로 적기 때문에 장기 투자에 불리한 것이죠.

반면 구글은 웬만한 악재가 아니면 실적이 좋을 것이라는 믿음이 형성되어 있으며, 설사 실적이 안 좋았다고 하더라도 그 이유가 합리적이라면 오히려 매수 기회가 되기도 합니다. 이렇게 펀더멘털이 좋은 기업이 단기 악재로 흔들릴 때 매수한다면 미래 기대수

【 버진 갤럭틱 분기별 실적 】

시기	EPS	Beat/Miss	Revenue	YoY	Beat/Miss
2024년 3분기	-2.66	1.47	402.00K	-76.74%	130.57K
2024년 2분기	-4.36	0.52	4.22M	125.55%	879.25K
2024년 1분기	-5.00	0.90	1.99M	406.38%	-61.57K
2023년 4분기	-4.98	1.19	2.81M	223.25%	-162.43K
2023년 3분기	-5.60	3.20	1.73M	125.29%	670.86K
2023년 2분기	-9.20	1.25	1.87M	424.09%	-588.24K
2023년 1분기	-11.40	-0.83	392.00K	22.88%	-932.36K
2022년 4분기	-11.00	-0.57	869.00K	516.31%	496.38K
2022년 3분기	-11.00	-2.83	767.00K	-70.27%	682.89K
2022년 2분기	-8.60	-1.40	357.00K	-37.48%	279.62K
2022년 1분기	-7.20	-0.76	319.00K	-	213.14K
2021년 4분기	-6.20	0.90	141.00K	-	-300.50K
2021년 3분기	-3.80	1.86	2.58M	-	894.29K
2021년 2분기	-7.80	-1.49	571.00K	-	442.43K
2021년 1분기	-11.00	-5.47	0.00	-	-200.00K

미국증권거래위원회 SEC 사이트 화면. 검색창에 기업명 또는 티커를 기입하면 실적 자료를 확인할 수 있다.

익률을 극대화할 수 있습니다. 시간을 내 편으로 만드는 것이죠.

기업의 펀더멘털을 확인하기 위해서는 실적을 반드시 점검해야 합니다. 여기서 중요한 것은 1분기만 보는 것이 아니라 적어도 3년치 실적을 확인해서 실적이 우상향하고 있는지 혹은 우하향하고 있는지, 계절적인 특성을 보이는지 등을 확인해야 합니다. 미국 기업의 실적은 미국증권거래위원회 SEC 사이트(www.sec.gov)에서 확인 가능합니다. 검색창에 알아보고자 하는 기업의 이름 또는 티커를 기입하고 넘어가면, 오른쪽 화면에 '정해진 제출물(Selected Fillings)' 메뉴가 나오는데 그곳에서 관련 자료를 얻을 수

잠든 사이 통장에 돈이 쌓이는 미국주식 투자 공식

있습니다. 봐야 할 자료는 다음과 같습니다.

10-K: 연간 실적을 공시한 자료

10-Q: 분기별 실적을 공시한 자료

1장 핵심요약

- 미국주식은 장기투자를 하는 데 적합한 환경을 제공한다. 자사주 매입과 배당금 정책이 장기적인 주주 가치를 높이는 데 도움이 되는 만큼 주주라면 매분기 어닝콜을 확인하자(어닝콜은 기업 사이트 Investor Relations 혹은 시킹알파에서 확인 가능하다).

- 성공적인 투자를 위해서는 2가지를 알아야 한다. 하나는 거시경제 혹은 개별 기업의 펀더멘털이고, 다른 하나는 저렴한지 혹은 비싼지를 가늠하게 하는 밸류에이션이다.

- 조정이 왔을 때 사고(Buy), 주가가 과매수 영역에 왔을 때 보유 (Hold)하려면 언제가 과매도에 의한 조정이고, 언제가 과매수 인가를 구분해야 한다.

- 펀더멘털을 확인하는 기준은 실적이다. 내가 투자하고자 하는 기업이 시장 컨센서스를 얼마나 잘 돌파했는지 파악하자. 기업 의 매출액, 영업이익, 순이익, 잉여현금흐름, 부채의 흐름을 분 기별로 파악해 문제는 없는지 파악하자(Stock Unlock에서 쉽게 파악할 수 있다).

"기업을 공부하지 않고 투자하는 것은
포커를 칠 때 카드를 보지 않고
베팅하는 것과 같다."
_피터 린치

2장.

좋은 주식
vs. 나쁜 주식

손익계산서를
이해해보자

구글 손익계산서
분석하기

　　손익계산서(Income Statement)란 무엇일까요? 손익계산
서는 일정 기간 기업의 수익(매출), 비용(지출), 이익(손실)을 보여주
는 재무제표입니다. 앞서 미국증권거래위원회 SEC 사이트에서 기
업의 공시 자료를 확인하는 방법에 대해 이야기한 바 있습니다. 구
글의 분기별 실적 자료인 10-Q를 한번 확인해볼까요?

Alphabet Inc.
(Exact name of registrant as specified in its charter)

Delaware		61-1767919
(State or other jurisdiction of incorporation or organization)		(I.R.S. Employer Identification Number)

1600 Amphitheatre Parkway
Mountain View, CA 94043
(Address of principal executive offices, including zip code)
(650) 253-0000
(Registrant's telephone number, including area code)

Securities registered pursuant to Section 12(b) of the Act:

Title of each class	Trading Symbol(s)	Name of each exchange on which registered
Class A Common Stock, $0.001 par value	GOOGL	Nasdaq Stock Market LLC
		(Nasdaq Global Select Market)
Class C Capital Stock, $0.001 par value	GOOG	Nasdaq Stock Market LLC
		(Nasdaq Global Select Market)

구글의 10-Q 리포트 첫 페이지

재무제표에서 봐야 하는 부분을 천천히 확인해봅시다. 일반적으로 10-Q를 볼 때 첫 번째 페이지를 그냥 무시하는 경향이 있는데요. 제가 매번 중요하게 보는 정보가 첫 페이지에 있습니다. 바로 발행된 주식의 숫자(Stock Outstanding)입니다. 가장 먼저 기업의 이름인 알파벳(Alphabet), 그리고 종목 코드(Trading Symbol)인 'GOOGL' 'GOOG'가 보입니다.

'GOOGL'은 'CLASS A' 주식이고 'GOOG'는 'CLASS C' 형태의 주식입니다. CLASS A는 주권을 행사할 수 있는 일반 주식이

잠든 사이 통장에 돈이 쌓이는 미국주식 투자 공식

고, CLASS C는 주권을 행사할 수 없는 우선주입니다. 일반적으로 우선주의 경우 주권을 행사할 수 없는 대가로 배당금을 높게 주는 등 특혜를 주는데요. 구글은 배당을 주지 않는 대신 CLASS C에서 자사주 매입을 더 많이 함으로써 혜택을 주고 있습니다.

첫 페이지에서 조금만 아래로 내려가면 다음과 같은 문구를 발견할 수 있습니다.

As of October 22, 2024, there were 5,843 million shares of Alphabet's Class A stock outstanding, 864 million shares of Alphabet's Class B stock outstanding, and 5,534 million shares of Alphabet's Class C stock outstanding.

영어라고 어려워할 필요는 없습니다. 요즘에는 네이버 파파고나 구글 번역기 등을 통해 손쉽게 번역이 가능합니다. 해석하면 2024년 10월부로 알파벳 CLASS A로 발행된 주식은 58억여 개이고, Class B로 발행된 주식은 8억 6천여 개이며, Class C는 55억여 개라는 의미입니다. 발행된 주식의 양은 기업의 가치를 평가할 때 정말 중요한 요소로 작용합니다. 매분기마다 줄어드는 추세

【 구글의 연결손익계산서 】

Alphabet Inc Consolidated Statements of Income Three Months Ended (September 30)		
	2023	2024
Revenues	76,693	88,268
Costs and Expenses:		
Cost of Revenues	33,229	36,474
Research and Development	11,258	12,447
Sales and Marketing	6,884	7,227
General and Administrative	3,979	3,599
Total Costs and Expenses	55,350	59,747
Income from Operations	21,343	28,521
Other Income(Expense), net	(146)	3,185
Income Before Income Taxes	21,197	31,706
Provision for Income Taxes	1,508	5,405
Net Income	19,689	26,301

잠든 사이 통장에 돈이 쌓이는 미국주식 투자 공식

인지 혹은 증가하는 추세인지 파악해둘 필요가 있습니다. 참고로 Class B 주식은 임원에게 할당된 주식으로 일반 투자자와는 관련이 없는 주식입니다.

천천히 10-Q 리포트를 보다 보면 '연결손익계산서(Consolidated Statements of Income)'란 이름의 항목이 보일 것입니다. 단위는 백만(Millions)으로 모든 숫자 뒤에 영(0)이 6개가 붙는다고 생각하면 됩니다. 바로 이 테이블을 손익계산서라고 하는데요. 보통 3개월치(Three Months Ended)와 6개월치(Six Months Ended)의 실적이 전년도 자료와 함께 비교됩니다. 무엇을 보든 상관은 없지만 개인적으로는 3개월 단위로 실적을 확인하는 것이 좋다고 생각합니다.

손익계산서의 이해를 돕기 위해 각 행이 의미하는 것은 무엇인지, 그리고 어떤 과정을 통해 매출액(Revenue)이 순이익(Net Income)으로 변환되는지 확인해봅시다.

첫 번째 행은 매출액(Revenue)입니다. 매출액은 사업에 있어 가장 기본적인 단위로 물건을 팔았을 때 일차적으로 받게 되는 돈을 의미합니다. 구글은 어떤 사업 행위로 돈을 벌까요? '찾기 기능(Ctrl+F)'을 이용해 'Revenue'로 검색하면 어떤 행위를 통해 매출액을 벌어들이는지 알 수 있습니다.

【 구글의 분야별 매출 】

Three Months Ended (September 30)		
	2023	2024
Google Search & Other	44,026	49,385
Youtube ads	7,952	8,921
Google Network	7,669	7,548
Google Advertising	59,647	65,854
Google Subscriptions, Platforms, and Services	8,339	10,656
Google Service Total	67,986	76,510
Google Cloud	8,441	11,353
Other Bets	297	388
Hediging Gains(Losses)	(1)	17
Total Revenues	76,693	88,268

구글의 경우 여러 분야(Google Service, Google Cloud, Other Bets 등)에서 매출액을 창출하고 있는데요. 이들의 매출액을 합산한 결

과, 구글은 2024년 3분기에 88B라는 매출을 창출했습니다. 거의 대부분 구글 서비스(Google Service)라는 분야에서 매출액이 발생하고 있죠.

여기서 중요한 것은 '어떤 사업 분야가 성장하고 있는가?' 하는 부분입니다. 매출액의 가장 큰 축을 담당하는 구글 서비스의 경우 2023년 대비 12.5%의 성장률을 보인 반면, 구글 클라우드(Google Cloud)는 무려 34%의 성장률을 보였습니다. 따라서 기업의 성장 동력을 담당하는 것은 구글 클라우드이며, 시장 역시 구글 클라우드를 중요시할 것이라는 예측이 가능합니다. 만일 구글에 투자할 계획이라면, 투자자 입장에서 집중해서 살펴봐야 할 요소는 성장률이 높은 구글 클라우드 쪽이겠죠.

매출액 외에도 확인해야 할 부분이 있습니다. 매출액을 벌기 위해서는 원가비용(Cost of Revenue)이 발생하는데요. 매출액에서 이 원가비용을 빼면 매출총이익(Gross Profit)이 발생합니다. 매출총이익은 구글의 손익계산서에는 따로 표기되어 있지 않지만, 기업이 일차적인 비용인 원가비용을 얼마나 잘 조절함으로써 마진율 높은 사업을 하고 있는지를 알 수 있는 굉장히 중요한 지표입니다.

계산해볼까요? 매출액(88.2B)에서 원가비용(36.4B)을 빼면 매출총이익은 51.8B입니다. 매출총이익이 중요한 이유는 매출총이익률(Gross Margin)을 알 수 있기 때문입니다. 매출총이익률을 계산하는 공식은 간단합니다. 매출총이익(51.8B)을 매출액(88.2B)으로 나누면 됩니다.

$$\text{매출총이익률} = \frac{\text{매출총이익}(51.8B)}{\text{매출액}(88.2B)} \times 100 = 58.7\%$$

매출총이익률을 통해 구글의 매출액의 약 절반가량은 원가비용으로 빠져나간다는 것을 알 수 있습니다. 이러한 마진율이 좋은 걸까요? 이 부분은 재무제표를 차근차근 보면서 파악해야 합니다.

원가비용의 구성을 보면 3가지의 비용이 있음을 알 수 있습니다. R&D, 영업 및 마케팅(Sales and Marketing), 그리고 판매관리비(General and Administrative)입니다. 이 3가지를 종합해서 영업비용이라고 부릅니다. 구글의 재무제표에는 종합적으로 명시해놓지는 않았지만, 영업비용이라고 하면 이 3가지 사항을 다룬다고 보

【 구글의 R&D 비용 】

Three Months Ended (September 30)		
	2023	2024
Research and Development Expenses	11,258	12,447
%	15%	14%

【 구글의 영업 및 마케팅 비용 】

Three Months Ended (September 30)		
	2023	2024
Sales and Marketing Expenses	6,884	7,227
%	9%	8%

【 구글의 판매관리비 】

Three Months Ended (September 30)		
	2023	2024
General and Administrative Expenses	3,979	3,599
%	5%	4%

면 됩니다. 하나씩 살펴보겠습니다.

영업비용 중 R&D는 말 그대로 연구개발에 사용되는 비용을 의미합니다. 구글의 경우 2024년 3분기 12.4B를 R&D에 사용했으며 매출액의 14%를 차지하고 있습니다. 2023년 구글은 R&D로 매출액의 15%를 투자했으니 이 부분에서는 큰 차이가 없음을 알 수 있습니다.

영업비용에서 두 번째로 큰 비중을 차지하는 비용은 영업 및 마케팅 비용입니다. 구글의 서비스를 알리기 위해 들어가는 돈으로, 구글은 2024년 7.2B의 돈을 소비했는데 이는 매출액의 8%를 차지하는 비중입니다.

영업비용의 마지막 부분은 바로 판매관리비입니다. 회계시스템, 건물, 보험, 직원들의 월급 등이 포함된 비용입니다.

영업비용을 이루고 있는 3가지 요소를 전부 합치면 원가비용 59.7B가 발생했고, 매출액에서 이러한 비용을 차감시키면 영업이익으로 28.5B가 남게 됩니다. 영업이익(Income from Operations)을 매출액으로 나누면 영업이익률(Operating Income Margin)을 구할 수 있는데요. 이 부분을 계산하면 구글의 전체 매출액 중 32.3%가 영업이익임을 알 수 있습니다.

잠든 사이 통장에 돈이 쌓이는 미국주식 투자 공식

$$영업이익률 = \frac{영업이익(28.5B)}{매출액(88.2B)} \times 100 = 32.3\%$$

구글의 순이익은?

자, 이제 그다음 항목을 확인해봅시다. 영업이익 아래에 'Other Income (Expense), net'이라는 항목이 있는데요. 이것은 '기타수익(비용)'으로 영업이익에서 이 부분을 차감하면 '법인세비용 차감 전 순이익(Income Before Income Taxes)'이 나옵니다. 사실 이러한 부분까지 세세히 큰 의미를 둘 필요는 없지만, 영업이익에서 순이익이 어떠한 과정을 통해 도출되는지 한 번은 이해할 필요가 있습니다. 번거롭더라도 파악하고 넘어가보도록 하죠.

구글은 기타수익(비용)으로 902M의 비용을 지불했습니다. 이 비용은 어떤 부분을 내포하고 있을까요?

보면 기타수익(비용)으로 이자수익(Interest Income), 이자비용(Interest Expense), 환차손익(Foreign Currency Exchange Gain(Loss),

【 구글의 기타수익(비용) 】

Three Months Ended (September 30)		
	2023	2024
Interest Income	1,066	1,243
Interest Expense	(116)	(54)
Foreign Currency Exchange Gain(Loss), Net	(311)	23
Gain (loss) on debt securities, net	(503)	160
Gain (loss) on equity securities, net	(366)	1,821
Performance fees	179	29
Income (loss) and impairment from equity method investments, net	(215)	(107)
Other	120	70
Other Income (Expense), Net	(146)	3,185

Net), 채무증권수익(Gain (loss) on debt securities, net), 주식증

권수익(Gain (loss) on equity securities, net) 등 다양한 수익(비

용)이 들어가 있음을 알 수 있습니다. 사실 이러한 부분은 구글이 영업활동을 하면서 발생하는 수익(비용)과는 무관합니다. 그렇기에 큰 의미를 부여할 필요는 없으나, 순이익을 기반으로 도출되는 EPS가 실적을 평가하는 데 중요한 지표로 작용하므로 알아둘 필요는 있습니다.

영업이익에서 기타수익(비용)을 감안하면 법인세비용 차감 전 순이익이 나옵니다. 여기서 마지막으로 법인세(Provision for Income Tax)를 차감하면 순이익이 나오는 것이죠.

$$영업이익, 28.5B + 기타수익(비용), 3.1B + 법인세, -5.4B = 26.2B$$

이러한 과정을 통해 구글은 2024년 3분기 순이익으로 26.2B를 벌었다는 결과가 도출됩니다. 여기서 최종적으로 발행된 주식의 양으로 나누면 EPS가 나옵니다.

참고로 EPS는 크게 희석주당순이익(Diluted EPS) 그리고 주당순이익(Basic EPS)으로 나뉩니다. 희석주당순이익은 잠재적으로 보통주가 될지도 모르는 전환증권이나 전환사채 등이 보통주로 전환되었을 때의 EPS를 의미합니다. 실적 발표를 할 때는 보통 희석주당순이익을 기준으로 평가합니다.

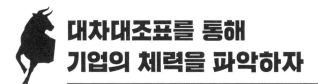

대차대조표를 통해
기업의 체력을 파악하자

구글 대차대조표
분석하기

대차대조표(Balance Sheet)란 일정 시점의 재무상태, 즉 자산, 부채, 자본의 내용을 수록한 재무제표를 말합니다. 대차대조표에서 투자자가 눈여겨봐야 하는 항목은 매분기마다 공개되는 자산과 부채의 흐름입니다. 이 흐름의 추이로 기업의 재무상태가 얼마가 건전하지 파악할 수 있습니다.

저는 투자하기에 앞서 반드시 재무건전성을 확인합니다. 기업이 현금흐름이 발생하지 않는데 재무건전성마저 좋지 않다면 파산은 시간문제이기 때문입니다. 재무건전성만 따져도 투자하기 '나쁜' 기업인지 아닌지 쉽게 파악할 수 있습니다.

이번에도 구글을 예로 들어보죠. 구글의 대차대조표를 보면 가용할 수 있는 '현금 및 현금성자산(Cash and Cash Equivalents)' 그리고 '유가증권(Marketable Securities)' 등을 확인할 수 있습니다. 참고로 여기서 캐쉬(Cash)는 말 그대로 현금이고, 유가증권은 언제든지 현금으로 바꿀 수 있는 자산(주식, 채권, ETF, 우선주 등)을 의미합니다.

구글은 2024년 3분기를 기준으로 현금 및 현금성자산은 19.9B이고, 유가증권은 73.2B입니다. 가용할 수 있는 총 현금은 93.2B라는 것을 알 수 있습니다.

그러면 부채는 어떨까요? 일반적으로 부채는 '유동부채(Current Liabilities)'와 '비유동부채(Non-Current Liabilities)'로 나뉩니다. 여기서 유동부채는 단기부채를, 비유동부채는 장기부채를 의미합니다. 사실 일반적으로 부채라고 하면 데트(Debt)라는 단어를 떠올립니다. 이는 은행을 대상으로 빌린 돈을 의미하는데요. 여기

잠든 사이 통장에 돈이 쌓이는 미국주식 투자 공식

【 구글의 대차대조표 】

Three Months Ended (September 30)		
	2023	2024
Assets		
Current Assets:		
Cash and Cash Equivalents	24,048	19,959
Marketable Securities	86,868	73,271
Total cash, cash equivalents, and marketable securities	110,916	93,230

서 말하는 부채(Liabilities)는 은행에서 빌린 채무를 포괄한 개념으로, 거래처를 대상으로 납부해야 하는 '지급계정(Account Payable)'과 직원들에게 지급해야 하는 '미지급급여 및 복지혜택(Accrued Compensation and Benefits)' 등이 포함됩니다.

하지만 현금의 비중을 비교하기 위해 쓰이는 기준은 포괄적인 부채 개념(Liabilities)이 아닌 장기적인 부채(Long-Term Debt)입니다. 실제로 경영진이 건전한 재무를 확보하기 위해 리파이넌싱(이

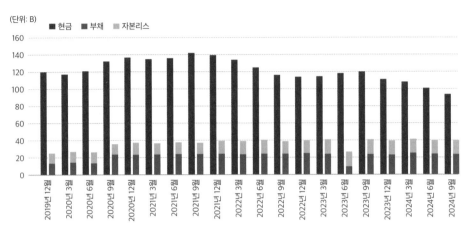

(단위: B)　■ 현금　■ 부채　■ 자본리스

*각 월 말일 기준

율이 낮은 혹은 더 긴 부채기한을 갖고 있는 부채로 갈아타는 것) 및 부채를 탕감하는 주체는 이 장기적인 부채이기 때문이죠.

구글의 경우 장기적인 부채로 12.2B를 갖고 있고, 가용할 수 있는 현금으로는 93.2B를 갖고 있습니다. 보유한 현금으로 부채를 다 갚으면 부채가 없는 것이나 다름없기 때문에 구글의 재무건전성은 굉장히 훌륭하다고 볼 수 있습니다.

다만 현금과 부채의 추세를 보는 것 또한 중요한데요. 여전히 현금이 부채보다 높지만 추세를 보면 현금이 점점 줄어들고 있는 상

【 구글의 대출 만기 】

Three Months Ended (September 30)				
	Maturity	Coupon Rate	Effective Interest Rate	Sep 30, 24
Debt				
2016-2020 Notes issuances	**2025-2060**	0.45-2.25%	0.57-2.33%	12,297

태입니다. 부채는 일정하게 유지되고 있기 때문에 주의가 필요한 상황입니다. 여전히 부채보다 현금이 압도적으로 많아 단기적으로는 괜찮아 보이지만 앞으로가 중요하겠네요.

만약 구글과 달리 현금과 부채의 비중에 큰 차이가 없거나 혹은 부채가 더 많다면 무엇을 추가로 더 봐야 할까요? 부채를 갚아야 하는 기한을 추가로 찾아봐야 합니다.

부채가 현금보다 많다고 해도 갚아야 하는 기간이 넉넉하다면 부채에 따른 이자만 걱정하면 됩니다. 만약 짧은 시일에 부채를 탕감해야 한다면 이야기는 달라지겠죠. 부채를 갚아야 하는 기간을 바로 대출 만기(Debt Maturity)라고 합니다. 구글의 경우 12.2B라는 장기적인 부채가 2025년에서 2060년까지 기한이 잡혀 있기에 크게 걱정할 게 없는 상황입니다.

대차대조표 비교하기

그럼 이번에는 제가 장기투자를 하고 있는 테슬라의 대차대조표를 봅시다. 테슬라는 2024년 3분기 기준 33B에 달하는 현금을 보유하고 있고, 부채는 10B 정도입니다. 부채를 전부 갚아도 약 23B의 여유자금이 있는 셈이죠.

테슬라의 대차대조표가 얼마나 좋은지 객관적으로 평가하는 방법은 다른 훌륭한 기업의 대차대조표와 비교하는 것입니다. 엔비디아라는 훌륭한 예시가 있군요. 최근 AI 붐과 함께 엔비디아는 호실적을 보이고 있습니다. 매분기 가이던스도 오르고 있죠. 그만큼 훌륭한 대차대조표를 갖고 있습니다. 테슬라와 규모가 비슷한데요. 엔비디아 또한 2024년 3분기 기준 약 38B의 현금과 10B의 부채를 갖고 있는 상태입니다. 부채를 전부 갚는다고 했을 때 28B

【 테슬라의 현금과 부채의 흐름 】

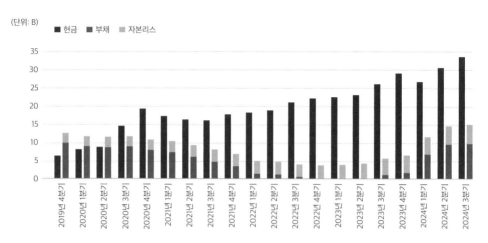

(단위: B) ■ 현금 ■ 부채 ▨ 자본리스

【 엔비디아의 현금과 부채의 흐름 】

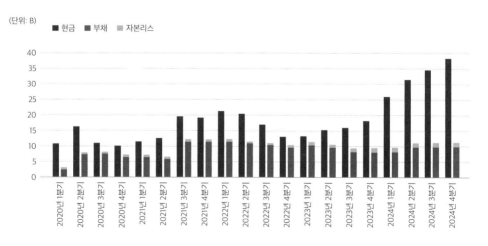

(단위: B) ■ 현금 ■ 부채 ▨ 자본리스

의 여유자금이 남아 있는 것이죠.

테슬라는 자율주행, 사이버캡, 사이버트럭 그리고 저가형모델 등 정말 많은 비전을 제시하면서 앞으로 나아가고 있는 상태입니다. 단기적으로 실적이 조금 좋지 않아도 보유하고 있는 현금이 워낙 많아서 망하기는 힘들며, 비전을 현실로 바꿔나갈 수 있는 준비물을 이미 갖춘 상태이기 때문에 마음 편한 장기투자가 가능합니다.

지금까지는 재무상태가 건전한 기업들에 대해 알아보았습니다. 이번에는 반대로 재무상태가 나쁜 기업을 예시로 들어볼게요. 전기차 신생기업인 카누(GOEV)의 대차대조표를 참고해보겠습니다.

【 카누의 현금과 부채의 흐름 】

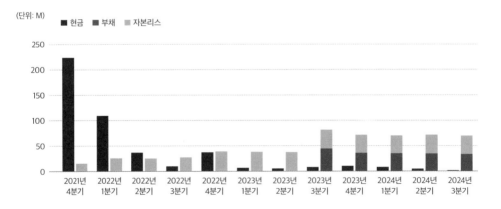

잠든 사이 통장에 돈이 쌓이는 미국주식 투자 공식

【 카누의 발행 주식 수 】

(단위: M)

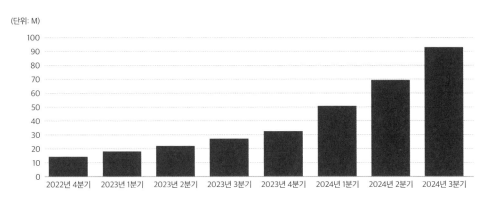

카누의 경우 2024년 3분기 기준 현금 및 현금성자산 1.53M를 보유하고 있는 반면, 부채는 70M에 달합니다. 현금보다 부채가 많은지라 언제 부도가 나도 이상하지 않은 기업입니다. 카누(GOEV)는 신생기업이다 보니 매출액이 매우 적게 발생합니다. 즉 현금흐름도 적자라는 의미로 유상증자를 통해 꾸준히 현금을 조달하는 수밖에 없는 상황입니다. 그러한 이유에서 카누의 발행 주식 수는 매년 꾸준히 올라가고 있습니다.

재무상태는 기업의 체력을 나타냅니다. 대부분의 성장주는 처음에는 적자였다가 나중에 충분히 시장점유율을 높이고 나서 흑자 전환을 하고자 하는데요. 시장점유율을 충분히 장악하기 전에 체력이 바닥난 기업은 부도가 날 수 있습니다. 그래서 시장점유율이 낮은 소형 성장주는 '하이 리스크 하이 리턴'입니다. 소형 성장주에 투자했다면 해당 기업이 적자에서 흑자로 전환할 때까지 버틸 수 있는지 면밀히 검토해야 합니다. 충분한 체력이 갖춰진 상태라면 높은 리스크를 감수하고 투자할 만하지만 그렇지 않다면 주의가 필요합니다.

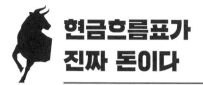

현금흐름표가
진짜 돈이다

재무재표에서 제가 가장 중요시하는 부분이 바로 기업의 현금흐름입니다. 주변에서 현금흐름이 좋은 기업을 사야 한다는 말을 들어본 적이 있을 것입니다. 혹시 현금흐름이란 말이 무엇을 의미하는지 생각해본 적이 있나요? 현금흐름이란 손익계산서에서 찾아볼 수 있는 매출액, 영업이익, 순이익을 지칭하는 것이 아닙니다.

현금흐름표(Cash Flow Statement)는 실적이 발표된 시점을 기준으로 현금이 들어온 부분(Cash In), 그리고 현금이 빠져나간 부분

(Cash Out)을 그대로 보여줍니다. 이때 중요하게 봐야 하는 부분은 영업현금흐름(Operating Cash Flow)과 잉여현금흐름(Free Cash Flow)입니다.

첫 번째,
영업현금흐름

영업현금흐름은 영업활동에 의한 현금 유입이나 유출을 말합니다. 구글의 현금흐름표를 예시로 살펴보겠습니다. 순이익(Net Income) 다음의 항목을 눈여겨보세요.

먼저 감가상각(Depreciation)은 유형자산이 시간이 지남에 따라 가치가 감가된다는 의미입니다. 그런데 영업활동에 있어서 비용이라는 것은 대가를 지불함으로써 무언가를 얻는 개념인데요. 감가상각이란 비용을 통해 실질적으로 얻는 것은 무엇일까요? 감가상각은 자산의 가치가 시간이 지남에 따라 '0'에 수렴한다는 것을 수치적으로 표현해주기 위한 지표입니다. 기업의 영업활동과는 관련이 없는 비용인 것이죠. 실제 영업활동을 통해 현금이 빠져나간

잠든 사이 통장에 돈이 쌓이는 미국주식 투자 공식

【 구글의 현금흐름표 】

Three Months Ended (September 30)		
	2023	2024
Operating Activities		
Net Income	53,108	73,582
Adjustments:		
Depreciation of property and equipment	8,630	11,106
Stock-based compensation expense	16,801	16,975
Deferred income taxes	(6,093)	(3,809)
Loss (gain) on debt and equity securities, net	1,294	2,738
Other	2,665	2,592
Changes in assets and liabilities, net of effects of acquisitions:		
Accounts receivable, net	(1,315)	(1,321)
Income taxes, net	10,392	2,797
Other Assets	(2,883)	(2,334)
Account Payable	237	(42)
Accrued expenses and other liabilities	(380)	(6,366)
Accrued revenue share	(315)	478
Deferred revenue	690	860
Net cash provided by operating activities	**82,831**	**86,186**

비용이 아니기 때문에 감가상각이라는 개념에서 빠져나간 비용을 다시 순이익으로 더해줍니다.

주식보상비용(Stock-Based Compensation Expense)은 회사가 직원들을 대상으로 스톡옵션을 지급함으로써 직원들이 회사의 성장과 수익성을 도모할 수 있게 동기를 부여해주는 수단입니다. 장점도 있지만, 직원들이 스톡옵션을 행사하면 주식이 추가로 발행되어 기존 주주들의 가치가 희석된다는 단점도 있습니다. 따라서 기존 주주라면 주식보상비용이 과도하게 늘어나지는 않는지 유심히 지켜봐야 합니다. 이 비용 또한 영업활동이라는 범주에서 소비된 비용이 아니기 때문에 순이익에 다시 더해줍니다.

주식보상비용에 대한 이야기가 나왔으니 잠깐 이것이 주가에 어떠한 영향을 미치는지 살펴보겠습니다. 구글과 애플을 비교해보죠. 구글의 잉여현금흐름은 지난 10년 동안 21.52%의 연평균 성장률을 보였습니다. 2023년 기준으로 69.5B의 잉여현금흐름을 달성했습니다. 굉장히 잘한 부분입니다. 그럼 주식보상비용에 소요된 비용은 어느 정도일까요? 이 또한 비슷한 수준으로 성장해 2014년 기준 4.28B였던 것이 2023년에는 22.46B까지 높아졌습니다. 잉여현금흐름의 성장률과 비슷하게 20.22%에 달했습니다.

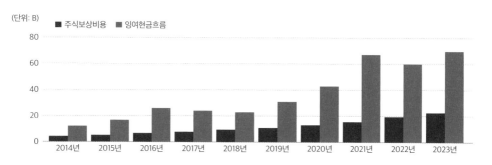

【 구글의 주식보상비용과 잉여현금흐름 】

(단위: B) ■ 주식보상비용 ■ 잉여현금흐름

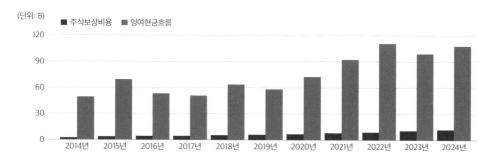

【 애플의 주식보상비용과 잉여현금흐름 】

(단위: B) ■ 주식보상비용 ■ 잉여현금흐름

어떤 해를 기준으로 보느냐에 따라 주식보상비용의 비중은 다
르지만, 적게는 잉여현금흐름의 31%에서 많게는 59%까지 차지
했습니다. 아무리 좋게 봐도 전체 잉여현금흐름의 1/3이 주식보상

비용이라는 것은 과도한 수치죠. 기존 주주들의 주식이 많이 희석되고 있는 것입니다.

이에 반해 애플은 어떨까요? 애플의 경우 2014년 49B를 시작으로 2024년까지 108.8B의 잉여현금흐름을 기록하면서 훌륭한 실적을 기록했습니다. 구글보다 잉여현금흐름의 연평균 성장률은 낮지만 잉여현금흐름에서 주식보상비용이 차지하는 비중은 7~14%에 불과했습니다. 이러한 차이가 주가 퍼포먼스에 지대한 영향을 미쳤습니다.

다시 본론으로 돌아와서, 순이익에서 차감되었던 법인세와 기타 포괄손익을 재반영해야 합니다. 현금흐름표는 발생주의에 기반한 개념인 만큼 실적이 발표된 시점을 기준으로 현금이 들어온 부분과 빠져나간 부분을 고려해야 합니다.

예를 들어 주식미수금(Account Receivable)이란 거래처를 대상으로 받아야 하는 외상매출금 또는 어음을 의미합니다. 구글이 소프트웨어를 고객에게 영수증과 함께 전달했고 돈을 아직 받지 못한 상태라면 주식미수금으로 잡히게 되죠. 2024년 기준 구글은 거래처로부터 1.3B어치를 받지 못했으므로 이 부분이 현금흐름에서 마이너스로 잡혔습니다.

또 외상매입금(Account Payable)이란 거래처를 대상으로 지불해야 하는 매입채무로 일종의 빚입니다. 주식미수금과 반대의 개념으로 이해하면 됩니다. 구글이 교통비, 전기세, 장비대여료 등 거래처를 대상으로 납부해야 하는 빚이 있다면 외상매입금으로 잡히게 됩니다.

이 밖에 여러 항목(Income Taxes, Other Assets, Accrued Expenses and other liabilities, Accrued Revenue Share and Deferred Revenue)이 있는데요. 사전적인 의미만 알면 충분히 이해할 수 있습니다. 실질적으로는 차감하거나 더해주기만 하면 됩니다. 결국 우리가 알고 싶은 것은 기업의 영업현금흐름입니다. 이러한 모든 요소를 순이익에서 감안하면 나오는 것이 영업현금흐름입니다. 우리는 이것을 현금흐름이라고 부르곤 합니다.

두 번째, 잉여현금흐름

투자의 대가 워런 버핏은 잉여현금흐름을 굉장히 중요시했습니다. 왜냐하면 잉여현금흐름이야말로 기업이 실질적으로 손에 쥐게 되는 현금의 양이기 때문입니다. 이러한 현금을 이용해서 4가지 방법(자사주 매입, 배당금 인상, 부채 탕감, 기업 인수)으로 기업의 가치를 높일 수 있는데요. 하나씩 살펴보겠습니다.

먼저 자사주 매입입니다. 한국 기업과 달리 미국은 자사주 매입이라는 정책이 매우 활성화되어 있습니다. 자사주 매입이란 기업이 갖고 있는 잉여현금흐름으로 발행되어 있는 주식을 스스로 매입해 소각시킴으로써 발행된 주식의 양을 줄이는 것입니다. 기업의 가격을 의미하는 시가총액은 발행된 주식의 양을 주가로 곱했을 때 산출되는데요. 발행된 주식이 일부 소각되면 주가가 상승함으로써 주주가 갖고 있는 주식의 가치가 상승하게 됩니다. 이러한 정책은 특히 애플이 굉장히 공격적으로 추진하는 정책입니다. 애플이 진행한 자사주 매입의 규모를 보면 얼마나 주주 친화적인 기업인지 엿볼 수 있습니다.

하지만 반대로 잉여현금흐름이 없다면 주식을 추가로 발행해서 현금을 시장으로부터 조달하는 수밖에 없겠죠. 그렇게 되면 버진 갤럭틱과 같이 주식의 양만 늘어나게 되고 기업의 가치가 훼손될 수 있습니다. 이러한 기업을 대상으로 장기투자하는 것은 리스크

(단위: B)

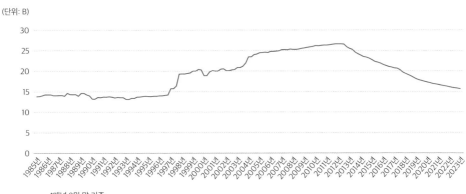

*매년 9월 말 기준

가 높겠죠.

 잉여현금흐름으로 할 수 있는 또 다른 주주 친화적인 정책은 바로 배당금을 인상하는 것입니다. 미국 기업은 일반적으로 분기마다 배당을 지급하는데요. 적게는 연배당률 1% 이하부터 많게는 15%짜리도 심심치 않게 찾아볼 수 있습니다. 심지어 40~50%의 연배당을 지급하는 기업도 존재합니다. 브라질 원유 기업인 페트로브라스가 대표적입니다. 배당률이 높은 만큼 배당금의 변동폭이 크니 그냥 이런 기업이 있다는 정도만 알아두면 됩니다.

 어쨌든 1년에 한 번 배당을 주는 한국 기업과는 달리, 미국 기업은 높은 배당률로 분기마다 배당이 지급하고 있습니다. 저도 배당을 매우 중시하는데요. 그 이유는 포트폴리오를 잘만 짜두면 연 15%의 배당 시스템을 구축할 수 있기 때문입니다. 연 15%의 배당을 5년만 받아도 100%의 수익을 거뜬히 기록할 수 있죠. 미국 배당주는 마음 편한 장기투자가 가능합니다. 수시로 주식창을 들여다보지 않아도 되며, 3개월에 한 번 실적을 발표할 때마다 해당 기업이 꾸준히 배당을 줄 수 있는지만 확인하면 됩니다. 배당 여력은 기업의 잉여현금흐름 또는 어닝콜(Earning Call)을 통해서 확인 가능합니다.

현재 저는 에너지 트랜스퍼라는 주식에 3년 동안 투자를 했고, 그 결과 연 12.47%의 배당을 분기별로 받고 있습니다. 에너지 트랜스퍼는 유한책임조합(LP; Limited Partnership)이라는 특성상 38%의 굉장히 높은 세금을 부과 받는데요. 그럼에도 불구하고 굉장히 훌륭한 성과를 거두고 있습니다. 앞으로 5년 동안 배당금 상승률이 단 2%에 불과하고, 시세차익이 5%에 불과하다고 가정해도 제가 얻을 수 있는 기대수익률은 89%에 달합니다. 5년 동안 안전하게 2배에 가까운 리턴을 배당금 덕분에 추구할 수 있게 된 것이죠.

바로 이런 이유에서 저는 제 포트폴리오에 높은 배당금을 주는 에너지 트랜스퍼(ET)와 TC 에너지(TRP)를 추가했습니다. 물론 일반적으로 배당주는 배당을 주는 만큼 시세차익 측면에서는 좋지 않을 수 있습니다. 그러나 배당주의 주가가 저평가 상태일 때 적절히 매입하면 높은 배당금과 시세차익이라는 두 마리 토끼를 잡을 수 있습니다. 배당주만 잘 세팅해도 매달 월급에 버금가는 파이프라인을 형성할 수 있으니, 배당주가 경제적 자유를 누릴 수 있는 든든한 수단이 될 수 있습니다.

워런 버핏 역시 배당을 중시합니다. 워런 버핏은 특히 '복리(Compound Interest)'의 가치를 강조합니다. 대부분의 투자자가 빠르게 돈을 벌어야겠다는 조급함에 배당 투자를 지양하곤 하는데요. 연 수익률 15% 이상을 매년 꾸준히 갱신하는 것은 정말 쉽지 않은 일입니다. 그러나 배당을 통해 15%에 가까운 연 수익률을 만들어낼 수 있다면 얼마나 좋습니까? 5년 동안 보유만 해도 원금을 갖고 있는 것만으로도 100%의 수익률을 낼 수 있으니 말이죠. 얼마를 투자했든 무조건 5년 만에 2배의 수익률을 보장한다면 절대 무시할 수 없겠죠. 저 역시 이러한 힘을 간과하지 않고 꾸준히 투자를 이어나갈 계획입니다.

잉여현금흐름을 통해 기업의 가치를 높이는 또 하나의 방법은 바로 부채 탕감입니다. 기업의 대차대조표의 장기적인 부채(Long-Term Debt)가 부채 탕감의 주된 항목입니다. 기업은 현금을 조달받기 위해 은행을 대상으로 특정 기한(Maturity Date) 내에 얼마의 금리를 약속합니다. 부채 항목이 과하게 높아지면 지불해야 하는 이자비용(Interest Expense)도 높아지겠죠? 이것은 기업의 밸류에이션을 훼손시키는 요소로 작용합니다. 높은 이자비용은 어떻게 기업의 밸류에이션을 훼손시킬까요?

많은 사람이 기업을 대상으로 가치평가를 할 때 PER를 이용하지만 분자에 들어가는 '주가(P)' 대신 '기업 가치(EV)'를 사용하기도 합니다. 여기서 기업 가치란 시가총액에서 현금을 빼고 부채를 더한 개념입니다.

$$\frac{EV}{EBITDA} = \frac{Market\ Cap\ -\ Cash\ +\ Debt}{EBITDA\,(TTM\ or\ FWD)}$$

잠든 사이 통장에 돈이 쌓이는 미국주식 투자 공식

부채를 탕감한다고 했을 때, 실질적으로 어떤 장점이 있는지 밸류에이션을 예시로 잠깐 짚고 넘어가겠습니다. 기업이 부채 탕감을 할 경우 부채(Debt)가 줄어들면서 분자에 위치하고 있는 기업 가치(EV) 또한 상대적으로 줄어들게 됩니다. 그렇게 되면 EV/EBITDA의 배수가 줄어들게 되는데요. 이로써 기업이 저평가가 되는 것이죠.

실제로 부채를 굉장히 적극적으로 갚고 있는 옥시덴탈 페트롤리움(OXY)을 살펴보겠습니다. 옥시덴탈 페트롤리움은 2020년 3분기 기준 부채가 기업 가치 대비 67%나 차지했습니다. 그러다 높아진 유가와 함께 높은 잉여현금흐름을 벌게 되었고, 이를 이용해서 빠른 속도로 부채를 갚아나갔습니다. 그 결과 1년 뒤 부채는 22%까지 줄어들게 됩니다. 자산 대비 부채가 줄어들자 지분 가치가 증가했고, 더불어 재무안정성을 얻게 되면서 투자금이 유입되고 기업 가치 또한 함께 성장합니다.

바로 이러한 이유에서 잉여현금흐름이 많은 기업은 좋은 퍼포먼스를 보여줄 수밖에 없습니다. 잉여현금흐름이 많다면 그 자체만으로 주주 환원을 할 수 있는 수단이 많고, 경영진의 의지만 충분하다면 주가 제고에 힘을 실을 수 있죠. 그렇기에 기업의 실적을

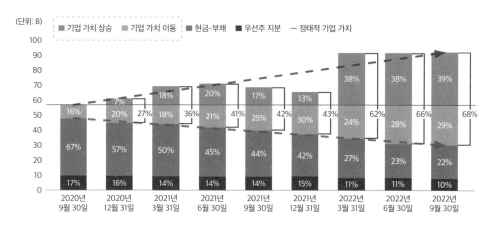

【 옥시덴탈 페트롤리움 부채 탕감이 미친 영향 】

(단위: B)
■ 기업 가치 상승　■ 기업 가치 이동　■ 현금-부채　■ 우선주 지분　— 정태적 기업 가치

파악할 때 잉여현금흐름이 꾸준히 성장하고 있는지도 반드시 확
인해야 합니다.

　그럼 종합적으로 어떠한 기업이 부채를 많이 갚았고, 넉넉한 잉
여현금흐름을 기반으로 배당금을 늘리고 자사주를 매입하는 등
주주 환원을 진행하고 있을까요? 하나만 꼽자면, 제가 장기투자
하고 있는 세노버스 에너지(CVE)가 바로 그런 기업입니다. 캐나
다 정유주로 최근 '현금-부채(Net Devt)' 목표(4.2B)를 달성함으로
써 발생한 모든 잉여현금흐름을 주주 환원하기로 결정한 바 있습

니다.

세노버스 에너지가 만들어내는 모든 잉여현금흐름은 이제 배당금 증가 혹은 자사주 매입에 사용될 예정입니다. 실제로 2024년 8월을 시작으로 자사주 매입을 진행하고 있습니다. 앞으로도 꾸준히 자사주 매입을 이행해 주가에도 상방 압력이 가해질 것으로 보입니다.

- 손익계산서는 일정 기간 기업의 수익(매출), 비용(지출), 이익 (손실)을 보여주는 재무제표다. 손익계산서 내 어떤 사업의 매출액 성장률이 지난해 대비 높은지 파악하고 꾸준히 관찰하자.

- 대차대조표란 일정 시점의 재무상태, 즉 자산, 부채, 자본의 내용을 수록한 재무제표를 말한다. 현금과 부채의 매분기 흐름을 파악하고, 다른 우량한 기업의 대차대조표와도 비교해보자. 현금보다 부채가 많다면 부채에 잡혀 있는 만기일과 잉여현금흐름이 발생하는지 파악하자. 만약 잉여현금흐름이 없고, 발행된 주식의 양이 오른다면 장기투자하기 위험할 수 있다.

- 재무재표에서 가장 중요시하는 부분이 바로 기업의 현금흐름이다. 순이익 및 당기순이익이 나빠 보일지언정 현금흐름에 문제가 없다면 장기적으로 문제가 없다.

- 기업의 실적을 파악할 때 잉여현금흐름이 꾸준히 성장하고 있는지 반드시 확인해야 한다. 잉여현금흐름으로 자사주 매입, 배당금 인상, 부채 탕감, 인수활동 4가지가 가능하다.

"투자란 철저한 분석을 통해
원금을 안전하게 지키면서도
만족스러운 수익을 확보하는 것이다.
그렇지 않으면 투기다."
_벤저민 그레이엄

당신의 주식은
정말 저렴한가?

멀티플이란
무엇인가?

"가격은 당신이 지불하는 것이고, 가치는 당신이 얻는 것이다."

오마하의 현인 워런 버핏의 명언입니다. 돈을 내고 주식을 사지만 그 행위를 통해 진짜 얻는 것은 기업의 내재적인 가치라는 뜻입니다. 아무리 좋은 기업이 있다고 한들 해당 기업의 주가가 내재적인 가치보다 높은 위치에 있다면 확률적으로 플러스알파의 수익을 얻지 못할 가능성이 높습니다. 이미 호재가 선반영되어 있을 확률이 높기 때문입니다.

주식 시장은 사람의 감정이 직접적으로 개입되는 시장인 만큼 과매수 혹은 과매도는 얼마든지 발생할 수 있습니다. 다들 매수를 외칠 때 좋은 기업을 사는 것이 아닌, 악재로 인해 비이성적으로 주가가 흔들렸을 때 사야만 저렴하게 좋은 기업을 살 수 있습니다. 비이성적인 흐름이 이어져 주가가 하락했다면, 수치적으로 해당 기업이 저평가인지 혹은 아직도 고평가인지를 판단할 수 있어야만 합니다. 우리가 밸류에이션을 분석하는 이유입니다.

　가장 보편적으로 사용되면서도 의외로 많은 분이 이해하지 못하는 개념이 '멀티플(Multiple)'입니다. 멀티플은 직역하면 '배수'라는 의미입니다. 멀티플은 분자와 분모로 이루어져 있으며, 그곳에 어떠한 사항을 넣느냐에 따라 기업의 가치를 정량화할 수 있습니다.

　우리가 가장 먼저 접하는 '주가'는 그 기업의 가격이 아닙니다. 일반적으로 가격을 비교하려면 같은 섹터 내의 종목들끼리 비교하는 것이 맞으나, 이번에는 이해를 돕기 위해 극단적으로 가격이 다른 두 기업을 비교해보겠습니다. 바로 옥시덴털 페트롤리움과 버진 갤럭틱입니다.

　2025년 2월 4일 기준 옥시덴털 페트롤리움은 46.37달러이고, 버진 갤럭틱은 4.56달러입니다. 한눈에 봤을 때 무엇이 더 저렴해

보이나요? 아마 주식을 처음 접하는 사람이라면 옥시덴털 페트롤리움보다 10배나 저렴한 주당 4달러짜리 버진 갤럭틱이라고 말할 것입니다. 옥시덴털 페트롤리움이 2배 오르는 것보다 버진 갤럭틱이 2배 오르는 것이 뭔가 더 가능성이 있어 보입니다.

주가는 시가총액에서 발행된 주식의 숫자가 나눠서 산출된 결과물입니다. 그러므로 주가만 보면 안 되고, 시가총액을 기준으로 가치를 판단해야 합니다. 주가를 구하는 공식은 간단합니다.

$$주가 = \frac{시가총액}{발행된\ 주식의\ 양}$$

시가총액을 기준으로 보면 한화로 옥시덴털 페트롤리움은 64조 원이 넘지만, 버진 갤럭틱은 2천억 원에 불과합니다. 옥시덴털 페트롤리움이 버진 갤럭틱보다 시가총액이 훨씬 높죠? 물론 시가총액만 봐서는 기업의 내재적 가치를 온전히 파악할 수 없습니다. 기업의 실적을 의미하는 매출액, 순이익, 영업현금흐름 혹은 잉여현금흐름 등을 함께 봐야 합니다. 주가라는 것은 실적의 성장률이 동반되어야만 상승하는 법이고, 시가총액은 주가와 발행된 주식의 양의 관계일 뿐 성장률을 의미하는 지표는 아닙니다. 시가총액이 기업을 평가하는 유일한 잣대일 수는 없습니다.

부동산도 마찬가지입니다. 아파트의 평수가 넓다면 좁은 평수보다 가격은 높을 수 있지만, 입지까지 고려하면 가치가 달라질 수 있죠. 분자에 시가총액을 넣고, 분모에 기업의 성장률을 보여줄 수 있는 요소들(매출액, 순이익, 영업현금흐름, 잉여현금흐름 등)을 넣은 멀티플을 봐야만 온전한 평가가 가능합니다.

참고로 분모에 매출액, 순이익, 영업현금흐름, 잉여현금흐름 등 무엇을 넣느냐에 따라 멀티플이 달라지지만, 실적이 적용되는 기간을 어떻게 적용하느냐에 따라서도 값이 달라집니다. 기간에 따라 'TTM(Trailing Twelve Month)'과 'FWD(Forward)'로 나뉘는데요. TTM은 지난 4분기 동안의 합산된 실적을 의미하고, FWD는 앞으로 예상될 4분기 혹은 8분기의 합산된 실적을 의미합니다.

애플과 같은 우량주 빅테크는 매년 순이익 성장률에 있어 큰 오차 없이 꾸준한 성장률을 기록합니다. 매년 평균에 준하는 성장률을 보여줄 가능성이 높은 기업이므로 4분기 단위로 실적을 합산해 분모에 놓고, 분자에 오늘날의 시가총액을 넣어서 TTM으로 값을 산출해도 큰 무리는 없습니다. 그러나 빠르게 성장하고 있는 기업이라면 미래 순이익 성장률이 일정하지 않겠죠. 분기마다 지난해 같은 분기 대비 큰 폭의 변동성을 보여줄 수 있으므로, 애널리스트들의 평균 예상치에 의존할 수밖에 없습니다. 그렇기에 예상된 앞으로의 4분기의 순이익을 합산해 분모에 놓고, 분자에 오늘날의 시가총액을 넣어 계산하는 FWD가 적합합니다.

그럼 P/E(TTM)와 P/E(FWD)는 무엇일까요? 예를 들어 구글이라는 기업의 P/E(TTM)은 23배인데, 'P/E(FWD) – 1YR'은 21배라면 이것은 무엇을 의미하는 걸까요? 구글의 지난 4분기 동안 합산된 순이익보다 앞으로 4분기의 합산된 순이익이 더 높을 것이라는 의미입니다. 시가총액을 의미하는 P는 매일 주가의 흐름에 따라 동일하게 바뀌지만, 분모에 있는 순이익(E)은 TTM과 FWD 중 어떤 기준을 선택하느냐에 따라 배수의 결과가 달라집니다.

즉 P/E(TTM)와 P/E(FWD)를 둘 다 확인할 때 무엇이 더 높은가에 따라서 애널리스트들은 구글의 실적이 어떻게 될 것인지 판단할 수 있습니다. 하지만 이것이 주식을 매매하는 데 있어 절대적인 기준이 될 수는 없습니다. 설사 P/E(FWD)가 P/E(TTM)보다 높게 나왔다고 할지언정 P/E(FWD) 자체가 과거 평균 멀티플 혹은 앞으로의 성장률 대비 여전히 저평가라면, 여전히 저평가인 것입니다. TTM과 FWD를 기준으로 잡힌 멀티플은 매매에 있어서 하나의 기준으로 바라봐야 합니다. 이것이 무엇을 의미하는지는 '멀티플 활용하기'에서 자세히 알아보겠습니다.

주가수익비율
P/E Ratio

첫 번째 멀티플은 가장 보편적으로 사용되는 주가수익비율(P/E Ratio)입니다. 우리가 PER라고 부르는 멀티플이기도 합니다. 분모에 순이익을 넣어서 시가총액이 순이익 대비 몇 배의 가치를 받고 시장에서 거래되고 있는지를 보여줍니다.

$$\frac{P}{E} = \frac{\text{시가총액}}{\text{순이익}} = \frac{\text{주가} \times \text{발행된 주식의 양}}{EPS \times \text{발행된 주식의 양}}$$

잠든 사이 통장에 돈이 쌓이는 미국주식 투자 공식

분모에 순이익(Net Income)혹은 EPS(당기순이익)가 들어가므로 소프트웨어 기업과 같이 자산의 형태가 감가상각에 큰 영향을 받지 않는 기업을 대상으로 사용하기에 적절합니다. 하지만 반대로 엄청난 규모의 공장과 장비 등 시간이 지남에 따라 유형자산의 가치가 훼손될 수 있는 형태의 기업이라면 적용하기 애매할 수 있습니다. 이러한 기업은 감가상각에 의해 순이익이 필요 이상으로 낮게 측정되기 때문에 기업의 비즈니스 모델에 따라 P/E Ratio 멀티플을 사용할지 말지 판단해야겠죠.

한 예로 반도체 설계사인 엔비디아와 자동차를 생산하고 있는 테슬라를 대상으로 어떤 기업이 해당 멀티플에 더 적합한지 본다면, 설계에 집중하는 엔비디아가 생산에 집중하는 테슬라보다 감가상각에 덜 노출됩니다. 감가상각에 상대적으로 덜 노출된 엔비디아와 같은 회사는 순이익 혹은 EPS가 감가상각에 의해 훼손되지 않기 때문에 P/E Ratio 멀티플로 평가되기에 적합한 것입니다. 반대로 감가상각이 많아 순이익 혹은 EPS가 많이 줄어드는 테슬라를 대상으로 해당 멀티플을 적용한다면 결과가 필요 이상으로 비관적일 수 있습니다.

주가매출비율
P/S Ratio

PSR이라고도 부르는 주가매출비율(P/S Ratio)은 P/E Ratio 멀티
플과 달리 시가총액이 매출액의 몇 배수가 되는지 알아보기 위한
지표입니다. 분자인 시가총액을 분모인 연매출액으로 나눠서 구합
니다(매출액은 TTM 혹은 FWD 중 무엇을 기준으로 하느냐에 따라 달라집
니다). 매출액 성장률이 특히나 중요시되는 기업을 평가할 때 참고
하는 지표입니다. 트윌리오, 쇼피파이, 팔란티어, 차지포인트와 같
이 매출액의 성장률에만 집중하고 있는 기업을 대상으로 적합합
니다.

$$\frac{P}{S} = \frac{시가총액}{매출액} = \frac{주가 \times 발행된\ 주식의\ 양}{RPS \times 발행된\ 주식의\ 양}$$

매출액 성장률을 높이는 데 집중하고 있는 성장주에 투자하기

적합한 시기는 금리가 낮을 때입니다. 은행으로부터 현금을 조달하는 비용이 가장 저렴할 때가 성장주들이 마음 편히 성장을 도모할 수 있는 시기입니다. 투자를 고려할 때 연준이 발표하는 기준금리를 참고해도 되지만, 일반적으로 미국 10년물 국채금리를 기준으로 잡는 것이 좋습니다. 미국 10년물 국채금리가 2% 이하일 경우 일반적으로 저렴하다고 표현합니다. 2% 이하인 환경에서는 성장주가 흑자 전환할 수 있는 시기가 3~4%일 때보다 훨씬 앞당겨지기 때문이죠(부채에 잡히는 이자율이 낮아지기 때문입니다). 매출액 성장률만 뒷받침된다면 주가는 상승할 수 있습니다.

하지만 정반대의 리스크 또한 존재합니다. 2022년과 같이 연준에서 금리를 올리고 있고, 미국 10년물 국채금리가 4.3% 이상일 경우 P/S Ratio 멀티플을 기준으로 평가되는 성장주는 주의가 필요한 환경입니다. 금리가 높다는 것은 시장으로부터 돈을 조달하는 비용이 높아졌다는 것을 의미합니다. 당연히 흑자 전환할 수 있는 시기도 상대적으로 더 늘어나겠죠. 적자가 지속되면 보유하고 있는 현금은 더 빨리 소진되고, 이에 따라 유상증자를 통해 현금을 조달해야 합니다. 유상증자 시 기존 주주들의 가치 훼손은 불가피합니다.

주가영업현금흐름비율
P/OCF Ratio

주가영업현금흐름비율(P/OCF Ratio)은 시가총액이 영업현금흐름 대비 몇 배가 되는지를 보여주는 밸류에이션 지표입니다. 영업현금흐름이야말로 기업의 현금 상황을 가장 적절하게 보여주는 지표라고 생각합니다. 현재를 기준으로 해당 기업이 보유하고 있는 현금흐름을 가장 정확하게 보여주는 값이기 때문이죠. 영업현금흐름은 아마존과 같은 기업을 평가할 때 사용하는 지표인데요. 왜 영업현금흐름이 사용되는지 알아보겠습니다.

$$\frac{P}{OCF} = \frac{시가총액}{영업현금흐름}$$

우선 아마존은 어떠한 기업일까요? 아마존의 매출액은 대부분 물류에서 발생합니다. 막대한 투자비용이 동반되는 영역이죠. 빠르고 정확한 서비스를 제공하기 위해 아마존은 전 세계 185여 개 국에 물류창고가 있으며, 물류 업무에 쓰이는 인력 등을 감안하면 감가상각과 기타 소요 비용이 엄청납니다. 아마존을 대상으로 P/E Ratio 멀티플을 이용해 밸류에이션을 잡으면 어떻게 될까요?

막대한 감가상각으로 인해 분모에 들어가는 순이익은 실제로 아마존이 만들어내는 영업현금흐름에 비해 굉장히 적은 것처럼 보이겠죠. 이로 인해 P/E Ratio 멀티플은 아마존이 굉장히 고평가 라고 가리킬 것입니다. 실제로 아마존의 창업자 제프 베이조스는 아마존을 평가할 때 현금흐름을 기준으로 평가해야 한다고 말했 습니다.

이처럼 밸류에이션을 평가할 때는 해당 기업의 비즈니스 모델 을 파악하는 것이 중요합니다.

주가잉여현금흐름비율
P/FCF Ratio

영업현금흐름에서 자본적 지출(CAPEX)을 차감하면 잉여현금흐름(FCF)이 나오는데요. P/FCF Ratio 멀티플은 기업의 시가총액이 잉여현금흐름의 몇 배인지를 기준으로 기업이 저렴한지 비싼지를 평가하는 방법입니다. 참고로 자본적 지출은 투자비용입니다. 잉여현금흐름을 기준으로 밸류에이션을 가늠할 수 있는 기업으로는 보잉과 원유 관련주 등이 있습니다.

$$\frac{P}{FCF} = \frac{시가총액}{잉여현금흐름}$$

순이익은 감가상각 및 세금과 같은 비현금성 비용(Non-Cash Expanses) 부분이 감안되어 있어 해당 기업의 진짜 현금 창출력을 가늠하는 데 정확도가 떨어집니다. 하지만 잉여현금흐름은 다릅니다. 최종적으로 해당 기업이 얼마의 현금을 남기는지를 보여주는 객관적인 지표가 될 수 있죠. 잉여현금흐름은 부채 탕감, 자사주 매입, 기업 인수, 배당금 인상과 같이 주주 환원에 쓰일 수 있습니다. 실제로 현금흐름할인법(DCF; Discounted Cash Flow)을 수행할 때 잉여현금흐름이 기준이 되므로, 잉여현금흐름으로 밸류에이션을 측정하는 것은 합리적인 기준이 될 수 있습니다.

지금까지 분자에 시가총액(P)을 기준으로 잡고 측정하는 멀티플에 대해 알아보았습니다.

만약 기업을 평가하는 데 있어서 현금과 부채까지 반영해서 평가하고 싶다면 기업 가치(EV)를 분자에 적용시켜야 하는데요. 다음과 같은 수식에 따라 구하면 됩니다.

기업 가치 = 시가총액 - 현금 + 부채

이처럼 모든 기업이 서로 다른 비즈니스 모델을 기반으로 수익을 일궈내고 있는 만큼 적정한 멀티플을 세팅하는 방법 또한 다르게 적용되어야 합니다. 교차 검증을 위한 수단으로는 유효할지 몰라도 단순히 시가총액이 순이익, 매출액, 영업현금흐름, 잉여현금흐름 대비 몇 배인지를 알아보는 것만으로는 객관적인 밸류에이션을 가늠하는 데 무리가 있습니다.

기업을 평가하는 멀티플의 종류와 그 의미에 대해서 알아보았으니, 이제부터 어떠한 기준으로 기업이 저렴한지 또는 비싼지 비교하는 방법에 대해 알아보도록 합시다.

멀티플
활용하기

경쟁사 멀티플과
비교하기

제가 장기투자하고 있는 에너지 트랜스퍼(ET)는 에너지 섹터 내에서도 미드스트림 산업 군에 위치하고 있는 기업입니다. 미드스트림 내에도 여러 유망한 기업이 많음에도 제가 에너지 트랜스퍼라는 종목에 장기투자하고 있는 이유는 무엇일까요? 다른 경쟁사에 비해 가장 저평가 상태였기 때문입니다.

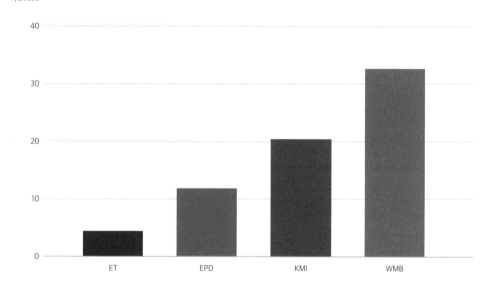

【 주가수익비율 비교 】

에너지 트랜스퍼의 경쟁사들과 비교해볼까요? 미드스트림에 위
치하고 있는 다른 기업으로는 엔터프라이즈 프로덕트 파트너스
(EPD), 킨더 모건(KMI), 윌리엄스 컴퍼니즈(WMB) 등이 있습니다.
에너지 트랜스퍼가 이들과 같은 환경에 있고 실적도 더 좋은데 밸
류에이션 지표가 저평가라면 어떨까요? 좋은 가격에 살 수 있는
기회가 되겠죠.

잠든 사이 통장에 돈이 쌓이는 미국주식 투자 공식

가장 먼저 순이익이 기준이 되는 P/E Ratio 멀티플을 살펴보겠습니다. 제가 투자를 시작했을 때 당시 에너지 트랜스퍼의 P/E Ratio 멀티플은 4.47배에 불과했습니다. 반면 경쟁사인 프로덕트 파트너스는 11.98배, 킨더 모건은 20.25배, 윌리엄스 컴퍼니즈는 32.66배였죠. 즉 에너지 트랜스퍼의 주가는 경쟁사 대비 많이 오르지 못해 낮은 P/E Ratio 멀티플을 보였습니다.

【 주가매출비율 비교 】

P/S Ratio

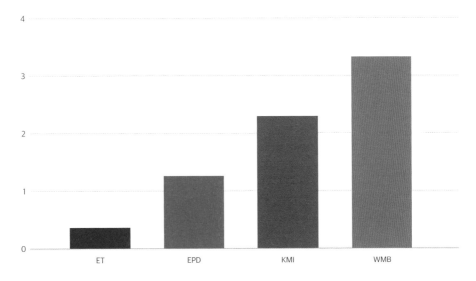

그렇다면 매출액을 기준으로 한 P/S Ratio 멀티플은 어떨까요? 에너지 트랜스퍼의 경우 0.38배인 반면, 엔터프라이즈 프로덕트 파트너스는 1.27배, 킨더 모건은 2.31배, 윌리엄스 컴퍼니즈는 3.33배였습니다. 매출액을 기준으로 봐도 에너지 트랜스퍼는 다른 경쟁사 대비 가장 저평가 상태였던 것입니다.

그럼 자본 대비 시가총액의 비율은 어떨까요? 에너지 트랜스퍼

【 자본 대비 시가총액의 비율 비교 】

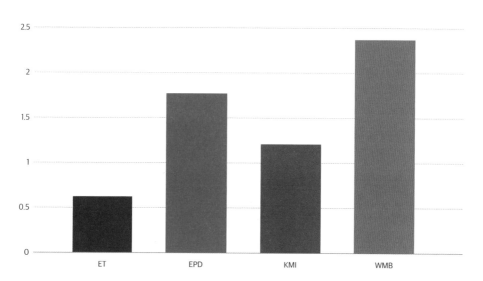

Equity to Market Cap Multiple

잠든 사이 통장에 돈이 쌓이는 미국주식 투자 공식

의 시가총액은 자본 대비 0.62배인 반면 엔터프라이즈 프로덕트 파트너스는 1.78배, 킨더 모건은 1.2배, 그리고 윌리엄스 컴퍼니즈는 2.37배였습니다. 이 또한 에너지 트랜스퍼 가장 저평가 상태임을 가리킵니다.

혹시 에너지 트랜스퍼의 펀더멘털이 다른 경쟁사보다 약했던 것은 아닐까요? 그것도 아닙니다. 에너지 트랜스퍼는 미드스트림 섹터에서 가장 긴 파이프라인을 보유하고 있는 대형 기업입니다. 매출액과 매출총이익의 규모만 봐도 다른 비교군보다 훨씬 높은 실적을 자랑하고 있습니다. 에너지 트랜스퍼가 다른 경쟁사보다 실적이 좋음에도 불구하고 여러 멀티플에서 저평가 상태였음을 알 수 있습니다.

물론 이러한 몇 가지 방법만 가지고 저평가 여부를 판단하는 것은 섣부를 수 있습니다. 경쟁사와 비교하는 게 얼핏 보면 합리적으로 보이지만, 경쟁사와 함께 위치해 있는 섹터 자체가 고평가일 수 있기 때문이죠. 섹터 자체가 고평가라면 에너지 트랜스퍼가 다른 경쟁 기업보다 저평가라고 할지언정 향후 주가가 내려가도 전혀 이상하지 않을 것입니다.

자사 과거 멀티플
현재와 비교하기

   경쟁사를 대상으로 고평가인지 저평가인지를 판단했다면 이제는 해당 기업의 자체적인 퍼포먼스를 기준으로 잡고 밸류에이션을 알아봅시다. 에너지 트랜스퍼의 P/E Ratio 멀티플은 2023년 1분기 기준 9.71배였던 반면, 2016년부터 2023년 1분기까지의 평균은 12.8배였습니다.

   P/E Ratio 멀티플을 기준으로 잡지 말고, 잉여현금흐름을 기

【 에너지 트랜스퍼 주가수익비율 추이 】

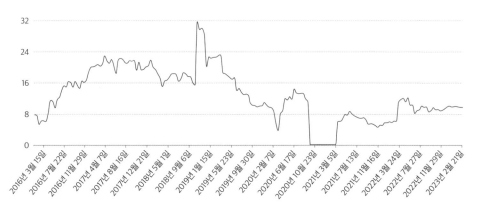

준으로 한 P/FCF Ratio 멀티플은 어떨까요? 에너지 트랜스퍼의 2023년 1분기 기준 P/FCF Ratio 멀티플은 6.44배인 반면, 지난 3년간 평균은 7.3배였습니다.

즉 특정 기간에 걸쳐서 악재든 호재든 평균적으로 P/E Ratio 멀티플은 12.8배, 그리고 P/FCF Ratio 멀티플은 7.3배를 기록했습니다. 그런데 현재는 각각 9.71배, 6.44배이기 때문에 과거와 비교했을 때 저평가라고 판단할 수 있습니다.

하지만 이러한 방법에는 한 가지 주의해야 할 부분이 있습니다. 아무래도 과거의 데이터를 범위로 잡아 평균을 내는 것이기 때문

【 에너지 트랜스퍼 주가잉여현금흐름비율 추이 】

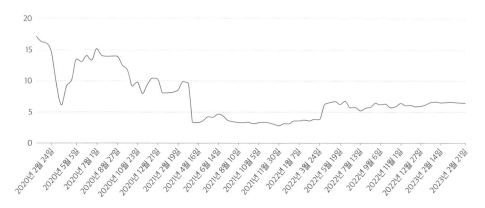

에 혹여 과한 움직임, 즉 소위 '튀는' 데이터가 있다면 배제할 필요가 있습니다. 예를 들어 갑자기 코로나19 팬데믹과 같은 상황에 직면하면서 평소에 꾸준히 흑자를 기록했던 기업이 적자를 기록하게 된다면 P/E Ratio 멀티플은 '0'이 될 수도 있습니다. 이러한 기간을 데이터 내에 포함시킨다면 평균치가 과도하게 낮아질 수 있기 때문에 밸류에이션을 측장하는 데 어려움이 생길 수 있겠죠. 그러한 이유에서 순간적으로 과하게 높거나 낮다면 데이터에 넣지 않는 것이 좋습니다.

기업 성장률과
멀티플 비교하기

지금까지 경쟁사 대비 멀티플은 어떠했는지, 그리고 과거 특정 기간부터 지금까지의 평균 멀티플과는 어땠는지 비교해봤습니다. 이번에는 미래 성장률 대비 현재 기업이 받고 있는 멀티플이 적합한 수준인지, 비싼지, 저렴한지 알아보겠습니다.

미래 성장률을 고려해서 밸류에이션을 가늠해보는 공식으로

는 주식의 대가 피터 린치의 공식이 유명한데요. 바로 'PEG=1'입
니다.

$$\frac{P/E\ Ratio}{기업의\ 예상\ 성장률} = 1$$

PEG 비율은 주가수익비율(P/E Ratio), 즉 PER을 기업의 예상
성장률(EPS 성장률)로 나눈 값입니다. 예를 들어 A기업의 PER이
10배인데, 해마다 EPS가 20% 증가한다고 가정해봅시다. A기업의
PEG는 0.5가 도출되겠죠. PEG가 '1'이라는 것은 PER이 기업의
예상 성장률과 정확히 일치한다는 뜻으로, 주식이 미래 성장률 대
비 적합하게 평가되어 있다는 것입니다. 만일 PEG 비율이 1보다
아래라면 저평가 가능성이 있으며, 1보다 위라면 고평가되었을 가
능성이 있다는 의미로 해석됩니다.

다시 말해 P/E Ratio 멀티플이 애널리스트에 의해 예측된 앞으
로 3년 평균 순이익 성장률과 동일하다면, 저평가 혹은 적정한 밸

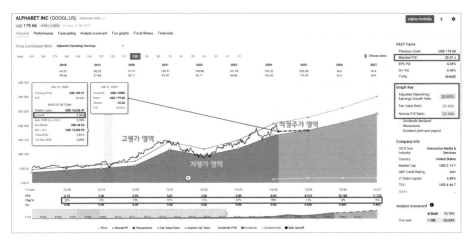

FAST Graphs에서 확인한 구글의 주가와 멀티플

류에이션에 위치해 있다고 할 수 있는 것이죠. 단 피터 린치의 공식을 적용하기 위해서는 조건이 존재합니다. 피터 린치의 공식을 적용하려면 순이익 성장률이 15% 이상이여야 합니다. 즉 성장주를 대상으로 유효한 방식입니다.

참고로 예시 사진은 제가 사용하는 유료 플랫폼(FAST Graphs)의 자료입니다. 구글을 예로 들어 설명해보겠습니다.

오른쪽 붉은 박스로 표시된 'GRAPHY KEY' 부분을 보면 구글의 연평균 순이익 성장률은 20.65%입니다. 일단 15% 이상이므로

잠든 사이 통장에 돈이 쌓이는 미국주식 투자 공식

피터 린치의 공식을 적용할 수 있는 조건을 충족했네요.

연평균 순이익 성장률 20.65%는 2018년부터 2027년까지의 성장률이 고려된 결과물로 2021년에 91%라는 반복되기 쉽지 않은 성장률이 있지만, 그다음 해에는 −19%였고, 나머지 해에는 평균적으로 10~20% 범위의 성장률을 보인 바 있습니다. 따라서 연평균 순이익 성장률 20.65%는 적절하다고 판단됩니다(참고로 2025~2027년의 수치는 55명의 애널리스트의 '예측치'이므로 실적 및 가이던스 발표에 따라 변동될 수 있다는 점을 명심하세요).

오른쪽 상단을 보면 구글의 P/E Ratio 멀티플은 22배로 시가총액이 순이익 대비 22배 혹은 주가가 EPS 대비 22배에 거래되고 있다는 뜻입니다. 검정색은 주가이고, 초록색은 EPS 혹은 순이익 성장률에 따라 잡힌 20.65배 멀티플이며, 파란색은 시장에서 구글에게 부과하는 25.66배 프리미엄 멀티플입니다. 주가(검정색)가 프리미엄 멀티플(파란색)위에 있으면 고평가이고, 적정 멀티플(주황색) 아래에 있으면 저평가이며, 프리미엄 멀티플(파란색)과 적정 멀티플(주황색) 사이에 있으면 적정한 밸류에이션이라고 볼 수 있습니다.

구글은 현재 22.01배의 멀티플을 받고 있어 프리미엄 멀티플

(25.66배)보다 낮고, 적정 멀티플(주황색) 위에 있기에 적정 주가 상태라고 할 수 있는데요. 2025년 12월의 실적을 2.36%만큼만 선반영하고 있습니다. 만약 여기서 주가가 2.36%만큼 더 하락한다면 2025년 12월의 실적이 전혀 선반영되지 않은 상태이므로 저평가 영역에 임박했다고 할 수 있습니다.

역사가 보여주듯이 구글은 2020년 코로나19때 주가가 폭락해 저평가 영역을 터치했다가 이후 계속 상승하면서 고평가인 프리미엄 멀티플(파란색) 이상의 위치에서 거래되었습니다. 그러다 순이익 성장률이 -19%를 기록하면서 주가에 과하게 반영되었고, 그 과정에서 적정 멀티플(주황색) 아래인 저평가 영역에 한동안 머물렀습니다.

실적이 안 좋으면 주가가 하락하는 것이 맞으나, 시장은 비이성적일 때가 많기에 악재를 과하게 반영시켜 주가가 저평가 영역에 머무르곤 합니다. 하지만 다시 성장률이 2023년을 시작으로 돌아오면서 저평가 영역에서 벗어나 상승했음을 볼 수 있는데, 이처럼 언제가 저평가인지 객관적으로 볼 수 있다면 기회인지 위기인지를 가늠할 수 있겠습니다.

구글을 보았으니 이번에는 테슬라를 확인해보죠. 테슬라는 주가

FAST Graphs에서 확인한 테슬라의 주가와 멀티플 1

가 345달러였던 시점을 기준으로 P/OCF Ratio 멀티플이 86.29배입니다. 즉 시가총액이 연간 영업현금흐름의 86배에 거래가 되고있는 상태입니다. 검정색은 테슬라의 주가이고, 파란색은 5년에걸쳐서 시장이 테슬라에게 준 프리미엄 멀티플인데요. 테슬라는86배의 멀티플을 받고 있고, 5년 평균 멀티플은 66배에 달합니다. 2025년 12월 테슬라의 기대 영업현금흐름 실적인 4.65달러(영업현금흐름/발행된 주식의 양) 기준으로 약 11% 고평가인 상태인 것이죠.

하지만 2026년 12월 영업현금흐름의 실적, 5년 평균 P/OCF

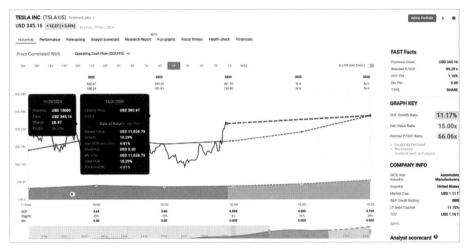

FAST Graphs에서 확인한 테슬라의 주가와 멀티플 2

Ratio 멀티플 66배를 기준으로 바라보면 테슬라는 고평가가 아닙니다. 이를 기준으로 보면 테슬라는 약 10.29% 저평가인 상태로, 쉽게 말해서 시장은 2025년까지 테슬라의 실적을 선반영했지만 아직 2026년의 실적은 선반영하지 않은 상황입니다.

　이 대목에서 중요한 것은 시장이 테슬라의 주가를 얼마까지 선반영했는지 인지하는 것입니다. 2025년까지는 반영이 되었지만, 2026년까지의 실적은 미반영 상태인데요. 테슬라의 현재 주가가 2026년까지 반영된 것이 맞다고 판단된다면 여전히 저렴하다고 볼 수 있겠죠. 어느 시기까지 반영할지 여부는 각자가 테슬라가 처한 상황까지 고려해야 하므로 주관적인 영역입니다. 하지만 만약 갑작스러운 악재가 터져서 테슬라의 주가가 다시 파란색 영역 아래까지 내려간다면, 그것은 피터 린치가 말하는 객관적인 '저렴함' 일 수 있습니다.

성장률 15% 이상을 보여주는 기업을 대상으로 적용할 수 있는 피터 린치 스타일의 밸류에이션 측정법에 대해 알아봤습니다. 그럼 성장률이 5% 이상이되 15% 미만인 가치주는 어떨까요? 리얼티 인컴(O)은 부동산주로 20년 동안 평균 5%의 영업현금흐름 성장률을 보여준 기업입니다. 15% 이하의 성장률을 보여주는 기업이기에 성장주로 분류되지 않고 가치주로 분류됩니다. 주가의 흐름을 보면 주가가 저평가일 때를 잘 노리면 얼마든지 좋은 수익을 거둘 수 있는 종목으로 보입니다.

성장주에게 적합한 멀티플이 그 기업이 보여주는 연평균 성장률이라면, 가치주에게 있어 적합한 멀티플은 15배입니다. 기업의 연평균 성장률이 5~15% 사이라면 적정 멀티플은 15배이며, 15배 이하로 가게 될 경우 저평가이고 15배 이상이 되면 고평가로 분류됩니다. 15배가 기준이 되는 이유는 역사적으로

S&P500의 평균 멀티플이 15배이기 때문이죠.

P/E, P/OCF, P/FFO 멀티플 등이 15배 아래일 경우 저평가이나, 큰 이벤트가 일어나면서 기업이 매우 저평가되었던 과거 다른 시기와 비교해보면 더더욱 투자에 확신을 가질 수 있습니다.

코로나19가 터지면서 사람들이 외출을 하지 못하고 경제가 무너지면서 가장 큰 피해를 입었던 시장 중 하나가 바로 리츠(REITs) 섹터입니다. 리얼티 인컴 또한 코로나19 때 급락한 바 있는데요. 가장 심했을 때의 P/FFO Ratio 멀티플이 13.49배입니다. 그런데 2025년 1월 10일 기준 리얼티 인컴의 P/FFO Ratio 멀티플은 12.30배입니다. 많은 현금을 빌려서 조달해야 하는 리츠주 입장에서는 인플레이션 재점화 이슈가 확대되는 것은 탐탁지 않은 상황입니다. 인플레이션 우려로 예상만큼 금리가 인하되지 않고 있어서 펀더멘털이 악화되었고, 그로 인해 주가가 하락한 것이죠. 그런데 과연 코로나19 때만큼이나 상황이 좋지 않을까요?

코로나19를 기준으로 바라보면 리얼티 인컴의 현재 멀티플이 저평가인지 아닌지 판단이 가능하겠죠. 기업의 비즈니스 모델에 문제가 있어서 저평가되는 것이 아닌, 금리와 같은 외적인 문제에 원인이 있다면 시간이 흐르면 악재는 해소될 것입니다.

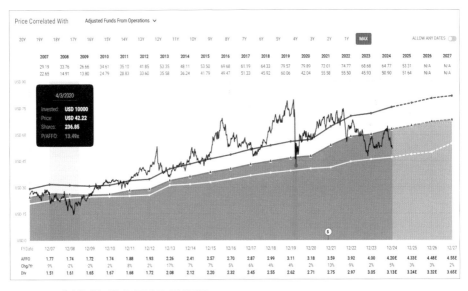

Price Correlated With   Adjusted Funds From Operations ⌄

20Y 19Y 18Y 17Y 16Y 15Y 14Y 13Y 12Y 11Y 10Y 9Y 8Y 7Y 6Y 5Y 4Y 3Y 2Y 1Y **MAX**   ALLOW ANY DATES

	2007	2008	2009	2010	2011	2012	2013	2014	2015	2016	2017	2018	2019	2020	2021	2022	2023	2024	2025	2026	2027
	29.19	33.76	26.66	34.61	35.10	41.85	53.35	48.11	53.50	69.68	61.19	64.33	79.57	79.89	72.01	74.77	68.68	64.77	53.31	N/A	N/A
	22.65	14.91	13.80	24.79	28.83	33.60	35.58	36.24	41.79	49.47	51.33	45.92	60.06	42.04	55.58	55.50	45.93	50.90	51.64	N/A	N/A

USD 90

4/3/2020
Invested: **USD 10000**
Price: **USD 42.22**
Shares: **236.85**
P/AFFO: **13.49x**

USD 75

USD 60

USD 45

USD 30

USD 15

USD 0

FY Date	12/07	12/08	12/09	12/10	12/11	12/12	12/13	12/14	12/15	12/16	12/17	12/18	12/19	12/20	12/21	12/22	12/23	12/24	12/25	12/26	12/27
AFFO	1.77	1.74	1.72	1.74	1.88	1.93	2.26	2.41	2.57	2.70	2.87	2.99	3.11	3.18	3.59	3.92	4.00	4.20E	4.33E	4.48E	4.55E
Chg/Yr	9%	-2%	-1%	2%	8%	2%	17%	7%	7%	5%	6%	4%	4%	2%	13%	9%	2%	5%	3%	3%	2%
Div	1.51	1.61	1.65	1.67	1.68	1.72	2.08	2.12	2.20	2.32	2.45	2.55	2.62	2.71	2.75	2.97	3.05	3.13E	3.24E	3.32E	3.65E

FAST Graphs에서 확인한 리얼티 인컴의 주가와 멀티플 1

　　참고로 저평가라고 해서 더 이상 주가가 하락하지 않을 것이라
고 생각하는 것은 오산입니다. 이렇게 오해하는 투자자들이 있는
데 밸류에이션은 어디까지나 매매에 대한 기준일 뿐입니다. 저평
가라고 해서 보다 저평가되지 말란 법은 없으며, 고평가라고 해서
보다 고평가로 가지 말라는 법 또한 없습니다. 다만 투자함에 있어
서 구글과 같이 우량한 기업의 멀티플이 시장이 일반적으로 부여
한 프리미엄 멀티플보다 아래에 위치해 있다면 누군가에게는 나

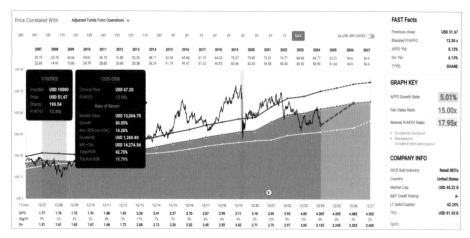

FAST Graphs에서 확인한 리얼티 인컴의 주가와 멀티플 2

쁘지 않은 매수 기회가 될 것입니다. 혹여나 추가로 하락해서 평균 순이익 성장률 대비 낮은 멀티플을 보여준다면 그것은 피터 린치 공식에 따라 '바겐세일'이 될 수 있겠죠.

　물론 기업은 애널리스트들이 예상한 순이익 성장률에 상응하는 실적과 가이던스를 꾸준히 제시해야 하므로, 주주로서 투자 대상 기업에 대한 관심을 꾸준히 기울여야 합니다. 그냥 매수해놓고 무작정 올라가기만을 기대하고 방치해둔다면 설사 수익을 얻어도 입맛이 찝찝합니다. 운에 의해 한두 번 수익이 날 수는 있지만 장기적으로 봤을 때 이것이 오히려 독으로 작용할 수 있습니다.

때로는 실수를 할 수도 있겠죠. 계좌가 마이너스가 나도 실수를 복기하고 수정하면서 노력하는 과정이 반복된다면 자신만의 투자 원칙이 잡힐 것이고, 그 원칙을 꾸준히 보완함으로써 장기적으로 수익을 내는 안정적인 투자가 가능합니다.

국채금리
밸류에이션

국채금리와
주가의 관계

지금까지는 개별 기업을 대상으로 저평가, 고평가 여부를 판단했습니다. 이번에는 미국 10년물 국채금리를 대상으로 밸류에이션을 살펴보도록 하겠습니다. 많은 투자자가 미국 10년물 국채금리의 흐름에 민감한 이유는 해당 지표의 흐름이 증시의 방향에 큰 영향을 미칠 수 있기 때문입니다.

【 2020년 이전 국채금리와 주가의 상관관계 】

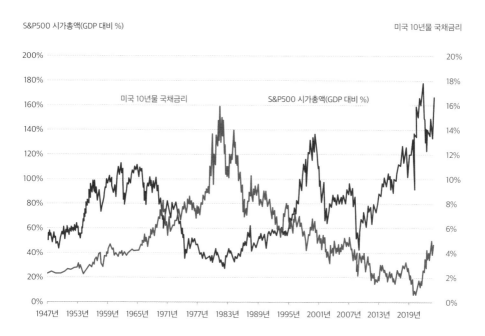

S&P500 시가총액(GDP 대비 %)　　　　　　　　　　　　　　　　미국 10년물 국채금리

먼저 2020년 이전 자료부터 살펴보겠습니다. 파란색 선은 S&P500 시가총액(GDP 대비 %) 지표이며, 붉은색 선은 미국 10년물 국채금리입니다. 두 지표의 상관관계는 반대임을 볼 수 있습니다. 미국 10년물 국채금리가 상승하면 증시는 하락하고, 반대로 하락하면 증시는 상승하는 모습을 보이고 있습니다.

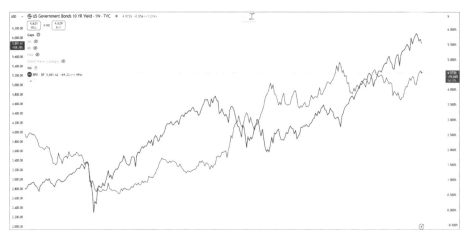

2020년 이후 S&P500(붉은색)과 미국 10년물 국채금리(파란색)의 상관관계

 2020년 이후 자료를 봐도 역의 상관관계임을 알 수 있습니다. 붉은색 선은 S&P500지수이고, 파란색 선은 미국 10년물 국채금리입니다. 마찬가지로 10년물 국채금리가 상승하면 증시는 하락하고, 하락하면 증시는 상승하는 모습을 보입니다.

 미국 10년물 국채금리가 4.5%를 가리키고 있는 상태에서, 이 수치만으로 주가가 저평가인지 고평가인지 어떻게 판단을 내릴 수 있을까요?

 미국 10년물 국채금리와 연준 기준금리의 역사적 흐름을 보여

잠든 사이 통장에 돈이 쌓이는 미국주식 투자 공식

【 미국 10년물 국채금리 vs. 연준 기준금리 】

(단위: %)

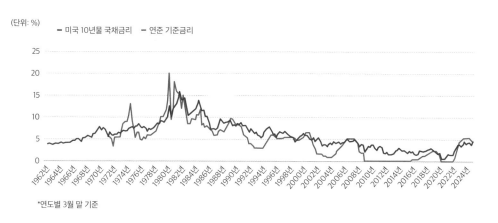

*연도별 3월 말 기준

【 미국 10년물 국채금리와 연준 기준금리 스프레드 】

(단위: %)

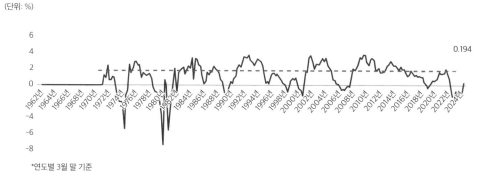

*연도별 3월 말 기준

주는 차트를 봅시다. 미국 10년물 국채금리에서 연준 기준금리를 차감한 수치를 스프레드(Spread)라고 합니다. 스프레드를 통해 두 지표가 역사적으로 어느 정도의 격차가 있었는지 파악할 수 있습니다.

스프레드가 평균 어느 정도였는지를 가늠하고, 그 수치와 지금 현재의 스프레드를 비교함으로써 미국 10년물 국채금리가 저평가인지, 고평가인지 여부를 객관적으로 알아보는 것이죠.

역사적으로 미국 10년물 국채금리와 연준 기준금리 사이의 스프레드는 평균 2% 이상이었습니다. 그런데 지금의 차이는 고작 0.194%에 불과합니다. 장기적으로 이 스프레드는 하락할 확률보다 상승 쪽으로 수렴할 확률이 높을 것입니다. 그럼 어떠한 움직임에 의해 스프레드가 상승 쪽으로 움직일까요?

수식은 '미국 10년물 국채금리-연준 기준금리'이기 때문에 결국 스프레드가 올라가는 방법은 2가지밖에 없습니다.

1. 연준 기준금리 인하
2. 미국 10년물 국채금리 상승

【 FOMC 위원 기준금리 전망 】

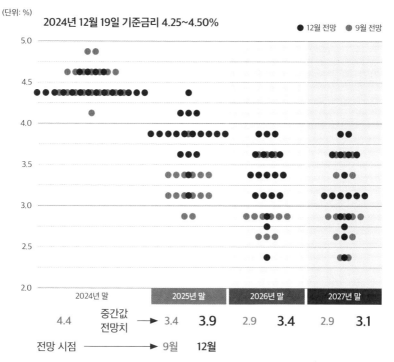

*FOMC 위원 19명의 연도별 금리 전망

  2가지 방법이 나왔으니 먼저 연준의 기준금리 인하 가능성부터 고민해보겠습니다. 우선 2024년 12월 FOMC에서 연준은 2025년 금리 인하 횟수 전망을 4회에서 2회로 낮췄습니다. 금리 인하 스탠스를 보수적으로 전향한 이유는 인플레이션 우려가 커지고 있기 때문입니다.

실제로 2025년 12월 10일까지, 시장에서 예상하는 누적 금리 인하 횟수는 '-2.001'입니다. 2회 인하할 것이라고 시장은 예상하고 있습니다.

FOMC 기준금리 전망 점도표에 따르면 총 19명의 연준 위원 가운데 14명이 2025년 0.25%p씩 2회 정도 금리 인하할 것을 예상했습니다. 2024년 9월만 해도 0.25%p 4회 금리를 인하할 것으로 예상했으나, 인플레이션 우려로 인해 인하폭이 축소된 것입니다.

여기서 명심해야 하는 것은 연준 측에서 금리 인하에 대한 전망을 최근에 갑자기 바꿨듯이, 인플레이션의 경과에 따라서 얼마든지 달라질 수 있다는 점입니다. 만약 인플레이션이 앞으로 약해진다면 연준은 기준금리를 2회 이상 인하할 수 있습니다. 그럼 스프레드는 미국 10년물 국채금리의 상승 없이도 정상 범위로 높아질 수 있습니다.

하지만 만약 인플레이션이 사라지지 않고 높아진다면 이야기는 달라질 것입니다. 한국은행과 마찬가지로 연준 역시 '물가 안정'을 기치로 내세우고 있습니다. 인플레이션이 높아진다면 당연히 연준의 기준금리 인하 전망은 1회 혹은 0회로 조정될 수 있습니다.

현재 미국 10년물 국채금리는 4.5%인데, 평균 스프레드가 2% 이상이므로 4.5%에 2%p가 더해진 6%까지도 올라갈 수 있습니다. 만약 미국 10년물 국채금리가 올라간다면 S&P500과 역의 상관관계를 보이므로, S&P500은 하방 압력을 받을 수 있습니다. 우리가 국채금리의 움직임을 예의 주시해야 하는 배경입니다.

🐂 3장 핵심요약

- 과매수 혹은 과매도 여부를 알기 위해서는 멀티플을 통해 밸류 에이션을 분석해야 한다. 모든 기업의 비즈니스 모델이 제각각 인 만큼 적용되어야 하는 멀티플의 종류 또한 다르다. 재무제 표를 읽고 어떠한 멀티플을 적용할지 결정하자(예를 들어 아마 존은 감가상각이 많기에 P/E Ratio보다는 P/OCF Ratio가 적합하다).

- 우량한 기업의 멀티플이 시장이 일반적으로 부여한 프리미엄 멀티플보다 아래에 위치해 있다면 나쁘지 않은 매수 기회가 될 수 있다. 지금 현재 멀티플을 과거 폭락이 있던 시기와 비교해 보자. 예를 들어 코로나19 때 멀티플보다 현재가 더 낮다면 굉 장한 저평가일 확률이 높다. 또한 경쟁사 멀티플과 비교해 저 평가인지 확인해보자.

- 미국 10년물 국채금리가 상승하면 증시는 하락하고, 반대로 하락하면 증시는 상승하는 모습을 보인다.

- 미국 10년물 국채금리에서 연준 기준금리를 차감한 수치를 스프레드라고 한다. 지금 현재 스프레드를 과거 역사적 평균 스프레드와 비교했을 때 만약 낮다면 다음의 둘 중 하나의 과정을 통해 평균에 수렴하게 된다. 첫째, 미국 10년물 국채금리가 상승한다. 둘째, 연준 기준금리가 하락한다.

"기업을 제대로 평가하고
주식의 적정한 가치를 매기는 훈련을
충분히 쌓지 않는다면,
주식 투자가 패가망신의
지름길이 될 것이다."
_랄프 웬저

4장.

채권과
거시경제 지표들

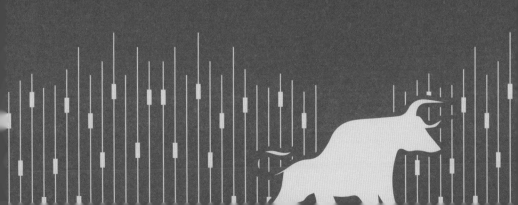

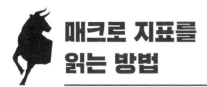

매크로 지표를
읽는 방법

재무제표와 밸류에이션을 알고 있다면 투자하는 데 큰 도움이 되지만, 이 2가지 사항이 전부라고 생각해선 안 됩니다. 재무제표와 밸류에이션 외에도 시장에 영향을 주는 흐름은 많기 때문에 여러 사항을 포괄적으로 고려해야 합니다. 거시적인 관점에서 경제 상태가 어떻게 흘러가느냐에 따라 주가가 달라지므로, 매달 발표되는 거시경제 지표를 눈여겨봐야 합니다.

지금과 같이 인플레이션이 우려되는 상태에서는 시장이 상승하는 조건은 바로 금리 인하입니다. 금리가 인하되려면 경제지표가 안 좋게 나와야 합니다. 그래야 연준이 더 이상 금리 인상 기조를 유지할 필요가 없겠다고 느끼기 때문이죠. 이러한 시기를 바로 '나쁜 것은 좋은 것이고, 좋은 것은 나쁜 것이다(Bad is Good, Good is Bad)'라고 이야기합니다. 경제지표가 나쁘게 나오면 금리 인하 시기가 빨라질 것이니 좋고, 좋게 나오면 금리 인하 시기가 늦어지니 안 좋다는 의미입니다.

거시경제 이벤트 추적하기

정부에서 발표하는 거시경제 지표가 경제의 방향을 보여주는 하나의 가이드라인이라고 보면 됩니다. 실제로 매번 어떤 결과가 나오느냐에 따라 국채금리와 증시의 방향에 영향을 미치곤 합니다.

우선 어떠한 거시경제 이벤트가 있는지 추적하는 방법에 대해 알아보겠습니다. 인베스팅닷컴(Investing.com)에서 상단에 관련 메뉴(Economic Calender)를 누르면 다양한 거시경제 이벤트를 확인할 수 있습니다. 2025년 2월 7일의 경우 비농업고용지수 변화

Date Time	Event	Survey	Actual	Prior	Revised	Result
02/07/2025 22:30	Annual Revisions: Establishment Survey Data					
02/07/2025 22:30	Change in Nonfarm Payrolls	170k	143K	256k	307k	Weaker
02/07/2025 22:30	Two-Month Payroll Net Revision	--	100K	-8k	--	
02/07/2025 22:30	Change in Private Payrolls	150k	111K	223k	--	Weaker
02/07/2025 22:30	Change in Manufact. Payrolls	-2k	3K	-13k	--	
02/07/2025 22:30	Average Hourly Earnings MoM	0.30%	0.50%	0.30%	--	Stronger
02/07/2025 22:30	Average Hourly Earnings YoY	3.80%	4.10%	3.90%	--	Stronger
02/07/2025 22:30	Average Weekly Hours All Employees	34.3	34.1	34.3		
02/07/2025 22:30	Unemployment Rate	4.10%	4.00%	4.10%	--	Stronger
02/07/2025 22:30	Labor Force Participation Rate	62.50%	62.60%	62.50%	--	
02/07/2025 22:30	Underemployment Rate	--	7.50%	7.50%	--	
02/08/2025 00:00	U. of Mich. Sentiment	71.8	67.8	71.1	--	Weaker
02/08/2025 00:00	U. of Mich. Current Conditions	73.7	68.7	74	--	Weaker
02/08/2025 00:00	U. of Mich. Expectations	70.1	67.3	69.3	--	Weaker
02/08/2025 00:00	U. of Mich. 1 Yr Inflation	3.30%	4.30%	3.30%	--	Stronger
02/08/2025 00:00	U. of Mich. 5-10 Yr Inflation	3.20%	3.30%	3.20%	--	Stronger
02/08/2025 00:00	Wholesale Inventories MoM	-0.50%	-0.50%	-0.50%	--	
02/08/2025 00:00	Wholesale Trade Sales MoM	0.50%	1.00%	0.60%	0.90%	Stronger

블룸버그에서 살펴본 거시경제 이벤트와 파급효과

(Change in Nonfarm Payrolls)부터 실업률(Unemployment Rate)까지 다양한 지표가 발표되었는데요. 컨센서스(Survey) 수치 대비 어떠한 결과를 보여주었느냐에 따라 노동 시장의 상태를 볼 수 있죠. 그 결과에 따라 국채금리와 증시가 조정을 받을 수 있기 때문에 고용 관련 지표는 반드시 확인해야 합니다.

예시로 이러한 지표를 해석하는 과정을 차근차근 살펴보겠습니다. 우선 인플레이션이 현재진행형인 지금 상태에서는 주가가 상승하려면 일자리 시장이 약화되어야 합니다. 그래야 금리 인하 가능성이 높아지고 국채금리가 낮아지겠죠. 이번 일자리 관련 지표는 밤 10시 30분에 발표되었는데, 결과만 보면 전체적으로 미국의 일자리 시장은 여전히 강하다는 메시지를 시장에 주기에 충분했습니다.

비농업고용지수 변화의 경우 컨센서스인 170k 대비 143k의 수치를 보여줬기 때문에 일자리 지표가 정말 강한 게 맞냐고 반문할 수 있지만, 이전 발표치(Prior)와 수정된 수치(Revised)를 보면 256k에서 307k가 되었습니다. 제대로 된 컨센서스를 내는 것이 쉽지 않으며 이번 결과 또한 다음 달에 수정될 가능성이 높음을 시사합니다. 이전에 약 50k 정도 올라갔기 때문에 143k에서 수치가 높아져 컨센서스를 넘을 가능성을 배제할 수 없는 것이죠.

이러한 가운데 시간당 평균임금(Average Hourly Earnings)과 실업률 지표의 경우 노동 시장이 강하다는 결과를 보여줬기 때문에, 이에 따라 미국 10년물 국채금리는 상승했습니다. 해당 지표가 발표된 시점을 기준으로 주가가 하방 압력을 받을 가능성이 높다는 유추가 가능한 것이죠.

실제로 시장의 모습은 어땠을까요? 중요한 거시경제 지표가 발표되는 당일에 투자자가 봐야 할 것은 내재변동성(IV: Implied

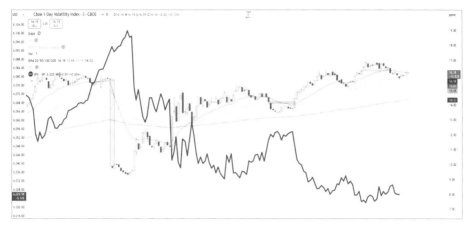

내재변동성(붉은색)이 하락하면서 반작용으로 S&P500(3분봉)은 상승했다.

Volatilty)입니다. 내재변동성 또는 실현가능성이라 불리는 해당 지표
는 파생상품이나 주식과 같은 금융상품의 가격 움직임으로부터 확
률을 추론해 해당 자산의 미래 가격 변동성의 정도를 나타냅니다.

트레이딩뷰 차트를 보면 분명 일자리 시장은 강하게 나왔고 미
국 10년물 국채금리가 상승했음에도, S&P500 3분봉 캔들은 상승
하고 있습니다. 이상하다고 느낄 수밖에 없는 현상이 일어난 것이
죠. 해당 결과는 한두 가지 지표에 매몰되어 그날 장이 좋다, 나쁘
다를 판단하는 실수를 범해서는 안 된다는 것을 보여줍니다.

일반적으로 일자리 지표 혹은 CPI와 같은 중요한 결과를 앞두

고, 옵션 세력은 콜·풋옵션에 베팅해서 상승과 하락에 대비해 헤징을 합니다. 헤징하는 비중이 높아질수록 내재변동성은 상승하게 되는데요. 그러다가 거시경제 지표의 결과가 나오면 더 이상 헤징의 필요성이 사라지게 되고, 이슈 해소라는 명목으로 내재변동성은 차트와 같이 갭하락 현상이 벌어집니다. 그에 따라 반대로 주가는 기계적으로 상승하는 현상이 벌어집니다.

　이러한 현상을 두고 일자리 지표의 결과치가 나왔다고 생각하면 리스크에 노출되기 십상입니다. 충분히 녹아내린 뒤에 일자리 지표에 대한 결과가 재반영되면서 내재변동성은 다시 상승했고, 그 결과 주가는 하락 추세로 전환합니다. 그러므로 거시경제에 있어 중요한 이벤트를 앞두고 있다면, 일단 트레이딩뷰에 들어가서 내재변동성을 확인해야 합니다. 내재변동성의 상태에 따라 단기적인 변수를 가늠하고, 이후 어떠한 결과가 나왔을 때 주가가 상승 혹은 하락할지 판단하는 것이 옳습니다.

　잠든 사이 통장에 돈이 쌓이는 미국주식 투자 공식

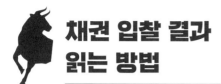

채권 입찰 결과
읽는 방법

채권을 알면
돈의 흐름이 보인다

　　주식과 채권 시장 중 어떤 시장의 기대수익률이 더 높으나에 따라서 큰돈의 흐름이 결정됩니다. 그래서 2개의 시장은 서로 음의 상관관계를 보여줍니다. 역사적으로 항상 주식보다는 채권 관련 자산이 보다 이성적으로 움직였던 만큼, 투자자라면 기본적으로 채권의 흐름에 주목할 필요가 있습니다. 매달 채권 입찰 결

Upcoming Auctions

Whether you are participating in an auction, tracking its results, conducting research, or simply exploring how you can take advantage of U.S. Treasury marketable securities, we invite you to explore this site.

‹ Table may scroll on smaller screens ›
(use the scroll bar on the right to see the entire table)

Auction Results | **Upcoming Auctions**

Bills	CMB	CUSIP	Offering Amount	Announcement Date	Auction Date	Issue Date
13-Week	No	912797LB1	84 Billion	02/06/2025	02/10/2025	02/13/2025
26-Week	No	912797PN1	72 Billion	02/06/2025	02/10/2025	02/13/2025
17-Week	No	912797PS0		02/11/2025	02/12/2025	02/18/2025
4-Week	No	912797NR4		02/11/2025	02/13/2025	02/18/2025
8-Week	No	912797NZ6		02/11/2025	02/13/2025	02/18/2025
13-Week	No	912797NM5		02/13/2025	02/18/2025	02/20/2025
26-Week	No	912797PP6		02/13/2025	02/18/2025	02/20/2025
52-Week	No	912797PM3		02/13/2025	02/18/2025	02/20/2025
6-Week	No	912797MV6		02/13/2025	02/18/2025	02/20/2025

Treasury Direct에서 살펴본 채권 입찰 결과

과에 따라 채권의 수요가 강한지, 약한지 결정되므로 이 부분을 감안해야 합니다. 미국 채권 입찰 결과의 흐름을 알 수 있다면 주가의 향방을 읽는 데 도움이 되겠죠.

채권 입찰 스케줄은 'Treasury Direct'라는 사이트(www.treasurydirect.gov)에서 확인 가능합니다. 입찰 결과를 통해 이번 달 채권에 대한 수요가 강했는지, 약했는지 알 수 있습니다. 사이트에서 상단 'Auction'을 누르고, 'Upcoming Auctions'을 누르면 됩니다.

잠든 사이 통장에 돈이 쌓이는 미국주식 투자 공식

TREASURY AUCTION RESULTS

Term and Type of Security		9-Year 10-Month Note
CUSIP Number		91282CLW9
Series		F-2034

HIGH YIELD RATE

Interest Rate	4-1/4%
High Yield [1]	4.680%
Allotted at High	97.58%
Price	96.631098
Accrued Interest per $1,000	$7.16160
Median Yield [2]	4.625%
Low Yield [3]	4.533%
Issue Date	January 15, 2025
Maturity Date	November 15, 2034
Original Issue Date	November 15, 2024
Dated Date	November 15, 2024

	Tendered	Accepted
Competitive	$98,521,399,000	$38,879,694,200
Noncompetitive	$120,312,100	$120,312,100
FIMA (Noncompetitive)	$0	$0
Subtotal [4]	$98,641,711,100	$39,000,006,300[5]
SOMA	$8,569,799,900	$8,569,799,900
Total	$107,211,511,000	$47,569,806,200

	Tendered	Accepted
Primary Dealer [6]	$54,956,000,000	$6,081,224,800
Direct Bidder [7]	$14,517,000,000 23 %	$8,931,395,000
Indirect Bidder [8]	$29,048,399,000	$23,867,074,400
Total Competitive	$98,521,399,000 61.4%	$38,879,694,200

채권 입찰 결과 PDF 화면

　채권 입찰이 잘되었다는 것은 채권에 대한 수요가 강하다는 의미입니다. 국채금리는 낮아질 수 있고, 국채금리가 낮아지면 반대로 주식 시장은 상방 압력을 받을 수 있습니다. 만일 채권에 대한 수요가 약하다면 국채금리가 높아질 수 있고, 국채금리가 높아지면 주가는 하방 압력을 받을 수 있습니다.

【 2025년 1월 8일 채권 입찰 결과 】

Date	Name	Current	Previous
01/08/25 03:00	10Y High Yield Rate	4.680%	4.235%
01/08/25 03:00	10Y Bid/Cover Ratio	2.530	2.700
01/08/25 03:00	10Y Indirect Accepted %	61.4%	70.0%
01/08/25 03:00	10Y Direct Accepted %	23.0%	19.5%

이제 결과를 분석해봅시다. 원래는 사이트에서 결과를 하나하나 살펴봐야 하지만 이해를 돕기 위해 따로 자료를 만들었습니다.

첫 번째로 주시해야 하는 부분은 '10Y Indirect Accepted %' 와 해당 값이 지난번 수치 대비 어땠는지 보는 것입니다. 참고로 'Direct Accepted %'는 채권 입찰을 주관하는 은행을 의미하고, 'Indirect Accepted %'는 채권 입찰에 참가하는 은행 및 해외 기관을 의미합니다. 자료를 보면 '10Y Indirect Accepted %'의 현재 수치(Current)는 61.4%로 지난번 수치(Previous)인 70.0%보다 낮았다는 것을 알 수 있습니다. 즉 지난번에 비해 미국 10년물 채권에 대한 입찰 수요가 떨어졌다는 의미입니다. 수요가 떨어졌다

잠든 사이 통장에 돈이 쌓이는 미국주식 투자 공식

는 것은 당시 거시경제의 상태에 비해 국채금리가 더 올라갈 수 있다는 뜻이죠.

'10Y Indirect Accepted %'에서 적은 수요가 잡혔기 때문에, 입찰을 주관한 쪽에서 물량을 최대한 떠맡아야만 합니다. 바로 그러한 이유에서 예전에 19.5%에 불과했던 '10 Direct Accepted %'가 이번에는 23.0%로 수치가 증가했습니다.

두 번째로 주시해야하는 것은 '10Y High Yield Rate'로 현재는 4.680%임을 알 수 있는데요. 채권 입찰이 시작되었을 때 WI(When Issued)라는 수치를 확인해야 합니다. WI는 채권이 발행되었을 당시 금리를 의미하는 것으로, 1월 8일 새벽 3시가 되기 5분 전 10년물 국채금리가 어떠한 수치를 가르켰는지 보면 되며 4.680% 보다 WI가 더 낮다면 채권 입찰 결과가 전반적으로 좋지 않았음을 의미합니다. 이는 곧 국채금리가 앞으로 올라갈 가능성이 높다는 뜻이죠. 하지만 반대로 WI보다 결과치가 낮고, 'Indirect Accepted %'가 지난번 대비 높게 나오고, 'Direct Accepted %'가 지난번 대비 낮게 나온다면 어떨까요? 해당 채권 입찰은 성공적이며, 국채금리가 오르지 않고 떨어질 것이라고 유추할 수 있습니다.

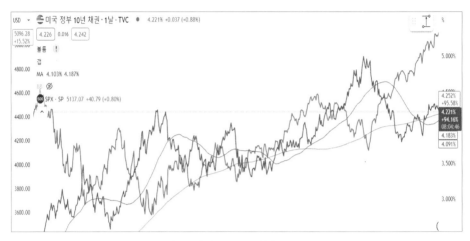

트레이딩뷰에서 살펴본 미국 10년물 국채금리(파란색)와 S&P500(주황색)

미국 10년물 채권을 대상으로 예시를 살펴봤습니다. 동일한 과정으로 10년물, 20년물 그리고 30년물을 분석함으로써 주가의 추이를 알 수 있습니다. 만약 약한 입찰 결과가 발표된다면 국채금리는 상방 압력을 받게 될 것이고, 반대로 강한 입찰 결과가 나온다면 국채금리는 하방 압력을 받게 됩니다.

국채금리의 상승 및 하락이 주식에 끼칠 수 있는 영향은 앞서 설명한 바 있습니다. 국채금리가 상승하면 채권에 투자할 경우 보다 많은 이자를 받을 수 있기 때문에 상대적으로 주식은 매력도가 떨

잠든 사이 통장에 돈이 쌓이는 미국주식 투자 공식

어지게 되어 하방 압력에 노출됩니다. 상대적으로 안전한 투자 수단인 국채 쪽으로 자금이 쏠리는 것이죠. 차트에서 파란색은 미국 10년물 국채금리이고, 주황색은 S&P500입니다. 2개의 지표가 서로 음의 상관관계를 갖고 있음을 알 수 있습니다.

수익률곡선
적용하기

수익률곡선이란
무엇인가?

이번에는 수익률곡선(Yield Curve)에 대해 알아보겠습니다. 수익률곡선이란 채권의 수익률(이자율)을 만기가 짧은 채권부터 장기채권 순으로 나열해서 연결한 곡선을 말합니다. 어떠한 이유에서 이 수익률곡선을 참고하는지 알아야겠죠.

우선 금융 시장에는 주식과 채권이 있는데요. 채권 시장은 거시경제의 흐름을 빠르게 선반영하는 경향이 있습니다. 채권 시장을 참고하면 특정 거시경제 지표 결과에 대해서 시장이 어떻게 생각하고 반응할지 간접적으로 알 수 있는 것이죠. 채권 시장의 흐름이 곧 주식 시장의 흐름에까지 영향을 주기 때문에, 채권의 방향이 어느 쪽으로 흘러갈지 알 수 있다면 주식 시장의 흐름 또한 가늠할 수 있습니다.

$$US10Y - US02Y = Spread$$

가장 일반적으로 사용되는 수익률곡선은 미국 10년물 국채금리(US10Y)와 미국 2년물 국채금리(US02Y)의 차이로, 우리는 이것을 스프레드(Spread)라고 부릅니다. 예를 들어 트레이딩뷰에 들어가서 'US10Y - US02Y'라고 기입하면 차트가 형성되는데요. 이것을 수익률곡선이라고 합니다.

제가 0% 위치에 붉은색 선을 그어놓았는데요. 수익률곡선이

트레이딩뷰에서 살펴본 수익률곡선

0% 아래로 떨어지면 이것을 역전(Inverted)되었다라고 하며, 이러한 역전현상은 인플레이션이 만연할 때 일어납니다.

왜 인플레이션이 심해질 때 수익률 곡선은 0% 이하로 하락하는 걸까요? 수식을 보면, 수익률곡선이 0% 이하라는 것은 미국 2년물 국채금리가 미국 10년물 국채금리보다 가파르게 오른 나머지 마이너스의 스프레드를 갖게 되었다는 뜻입니다.

연준이 FOMC 회의에서 기준금리를 올린다는 것은 곧 국채금

잠든 사이 통장에 돈이 쌓이는 미국주식 투자 공식

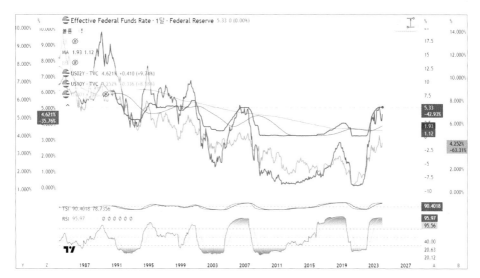
트레이딩뷰에서 살펴본 연준 기준금리(파란색), 미국 2년물 국채금리(주황색), 10년물 국채금리(청록색)

리가 올라간다는 의미입니다. 연준의 기준금리 인상 및 인하는 만기일수가 짧을수록 높은 상관관계를 갖게 되는데요. 다시 말해서 연준 금리 정책은 10년물 국채금리보다는 2년물 국채금리에 더 큰 영향을 미칩니다. 만약 연준이 기준금리를 인상시키면 2년물 국채금리가 10년물 국채금리보다 가파르게 오르게 되고, 마찬가지로 10년물 국채금리가 20년물 혹은 30년물 국채금리보다 가파르게 오르게 됩니다.

좀 더 이해를 돕기 위해서 차트를 통해 연준의 기준금리와 미국 2년물 국채금리, 미국 10년물 국채금리의 상관관계를 살펴보겠습니다. 파란색은 연준의 기준금리이고, 주황색은 미국 2년물 국채금리이고, 청록색은 미국 10년물 국채금리입니다. 잘 보면 기준금리의 흐름에 따라서 2년물과 10년물 국채금리의 흐름이 동일하게 잡힌다는 것을 알 수 있습니다. 2년물과 10년물 국채금리의 방향은 같지만 차이점은 진폭에 있습니다. 2년물 국채금리가 10년물 국채금리보다 상대적으로 더 높은 진폭을 갖고 있습니다.

만약 연준이 금리 인상, 동결, 인하라는 선택을 하기도 전에 미리 2년물 국채금리가 10년물 국채금리 대비 가파르게 올라 수익률곡선이 아래로 하락했다면, 채권 시장은 인플레이션이 심한 나머지 금리 인하를 하지 못하고 최소 동결에서 심하면 금리 인상까지 예상하고 있음을 간접적으로 엿볼 수 있습니다. 반대로 2년물 국채금리가 10년물 국채금리 대비 가파른 하락을 보여주는 경우 채권 시장은 연준이 금리 인하를 할 확률이 높다고 본다는 의미입니다. 이 경우 채권 시장은 선제적으로 움직이기 때문에 2년물 국채금리가 10년물 국채금리보다 많이 하락하게 되겠죠.

물론 채권 시장 또한 베팅할 수 있는 근거가 필요합니다. 그들이 움직이는 근거는 매달 발표되는 거시경제 지표로 미국 경제의 인플레이션 흐름을 보여주는 CPI, 공급관리협회(ISM) 제조업 구매관리자지수(PMI), 구인·이직보고서(JOLTs), 실업률 등이 있습니다. 여러 거시경제 지표가 미국 경제가 강하다는 것을 함축적으로 보여줄 경우 물가가 올라가게 되고, 그러면 연준은 물가성장률 2%를 유지하고자 금리 인상을 단행할 수밖에 없습니다. 반대로 금리 인상을 너무 많이 해서 경제성장률이 약해지고, 심할 경우 역성장인 경기 침체가 일어날 경우 이를 막기 위해 금리를 인하해 경기를 부양합니다.

연준이 FOMC 회의에서 금리에 대한 방향을 정하기에 앞서, 매달 나오는 매크로 지표 결과에 따라 채권 시장의 흐름을 눈여겨보기 바랍니다. 여러 차트 패턴을 융합해 확률적으로 어디로 갈지 읽을 수 있다면 데이터에 따라 정책의 방향을 정하는 연준의 결정을 엿볼 수 있습니다.

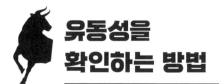

유동성을
확인하는 방법

시장에 얼마나 많은 돈이 들어와 있는지에 따라 장기간 주가의 흐름이 결정되는 만큼 유동성의 흐름을 파악하는 것은 굉장히 중요합니다. 사실 이미 많은 투자자가 유동성이 중요하다는 것을 알고 있습니다. 다만 투자에서 유동성을 의미하는 지표가 무엇이고, 그것을 어떻게 해석하고 투자에 적용하느냐를 모를 뿐이죠.

유동성을 의미하는 지표의 이름은 연준 준비금(Federal Reserve Balance)입니다. 연준 준비금의 흐름을 S&P500과 비교하면 상관관계를 한눈에 알 수 있는데요. 연준 준비금을 유동성 지표로 잡는 이유는 연준이 채권을 매입하는 과정에서 돈이 시장으로 흘러가기 때문입니다. 다시 말해 연준이 채권을 많이 매입함으로써 연준 준비금이 늘어나면 그만큼 돈이 시장에 많이 풀렸음을 의미합니다. 반대로 연준이 채권 자산을 매각함으로써 연준 준비금이 줄어들면 반대로 돈을 회수한다는 의미입니다.

유동성과 주가의 상관관계

그럼 이제 유동성과 주가의 상관관계를 보도록 하죠. 파란색 점은 연준 준비금이고 붉은색 선은 S&P500 차트입니다. 2개의 지표가 2024년 3월까지만 해도 비슷하게 움직였음을 알 수 있습니다. 연준이 채권을 매입함으로써 연준 준비금은 올라가고, 그렇게 돈이 시장에 공급되자 주가가 상승한 것입니다.

물론 주가의 흐름이 연준 준비금 지표와 완벽하게 일치하는 것은 아닙니다. 주식은 투자자의 심리가 반영되는 곳이기에 거시경제 지표 각각이 일대일로 즉각 반영되지 않습니다. 유동성을 의미

【 유동성과 S&P500의 상관관계 】

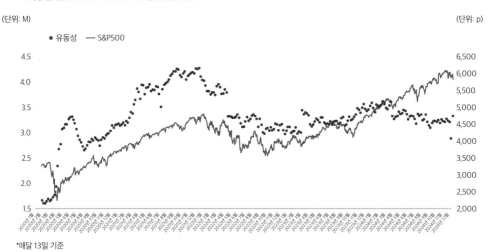

(단위: M)   (단위: p)

*매달 13일 기준

하는 연준 준비금을 하나의 기준으로 잡되, 주가의 흐름과 괴리감이 생기면 다른 이유를 찾아야 합니다. 실제로 2024년 3월을 기점으로 연준 준비금은 횡보 및 하락을 반복했지만 이와 달리 증시는 계속 오른 바 있습니다.

그럼 어떠한 요소가 연준 준비금과 S&P500의 상관관계에 영향을 미칠까요? 유동성 지표에서 한 가지 알아둬야 하는 변수는 역레포(RRP)입니다. 역레포란 연준이 혹시나 경제적으로 긴급한 상

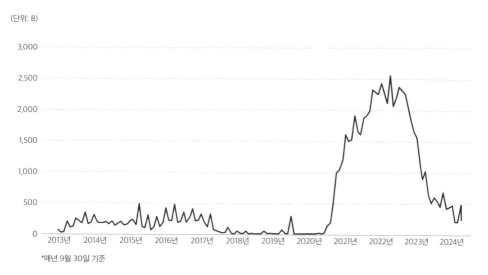

【 미국 역레포 지표 】

(단위: B)

*매년 9월 30일 기준

황에 대비해서 시중은행을 대상으로 이자를 주고 돈을 빌려놓은 창구를 의미합니다. 차트를 보면 인플레이션이 터지자 인플레이션을 막기 위해 연준이 금리를 올렸고, 그에 따라 역레포 지표가 엄청 올랐다는 것을 알 수 있습니다.

연준이 기준금리를 올리면 국채금리가 올라가게 되는데요. 돈은 항상 금리가 높은 곳으로 흘러가기 마련이기에 큰돈을 운영하는 시중은행 입장에서는 리스크를 감수하고 주식에 투자하기보단, 연준이 마련해놓은 역레포에 돈을 맡겨놓고 금리 상승에 따라 높아진 역레포 이자를 받습니다.

그로부터 시간이 지난 지금은 어떤가요? S&P500은 높은 유동성 덕분에 계속 상승한 반면, 연준 준비금은 2024년 3월 이후 횡보 및 하락했습니다. 이 경우 유동성은 연준 준비금에서 온 것이 아니라, 역레포에 있었던 2.5T에 달하는 돈이 시장에 흘러가면서 발생했다고 봐야 합니다.

연준이 코로나19발 경기 침체를 막는 과정에서 돈을 과하게 풀었고, 그로 인해 인플레이션이 일어났습니다. 2022년 연준은 인플레이션을 막기 위해 기준금리를 올렸고, 국채금리가 상승하는 과정에서 S&P500은 하방 압력을 받았지만 기준금리를 5%대에서 더 이상 올리지 않고 동결시켰습니다. 역레포에서 유동성이 다시 시장으로 흘러들어가면서 2023년과 2024년은 2022년과 반대로 상승장이 찾아옵니다.

2025년 이후 유동성이 어떤 흐름을 보여줄지 장기적으로 예측할 수는 없지만, 적어도 지금의 데이터를 기반으로 바라보면 단기적인 예측은 가능합니다. 역레포 지표는 거의 바닥에 가깝고 연준 준비금은 횡보를 하고 있는 상태죠. 과거처럼 역레포에서 유동성

잠든 사이 통장에 돈이 쌓이는 미국주식 투자 공식

공급을 기대하기 힘든 상황이므로, 앞으로 한동안 유동성 장세가 펼쳐지기는 어려울 것입니다. 낮은 유동성 속에서 주가가 움직일 것이라고 유추할 수 있습니다.

환율을
분석하라

　　미국주식에 투자하면 원화를 달러로 바꾸거나 반대로 달러를 원화로 바꾸게 되는데요. 이때 환율의 방향을 단기적으로 가늠할 수 있다면 환차손을 피할 수 있습니다. 그럼 어떻게 환율의 방향을 짐작할 수 있을까요?

　　환율의 상승 혹은 하락을 결정 짓는 기준은 역시 달러입니다. 달러가 상승하면 1달러를 바꾸기 위해 더 많은 원화를 사용해야 하지만, 달러가 하락하면 1달러로 바꾸는 데 상대적으로 적은 원화를 사용하게 됩니다. 달러의 흐름을 예측할 수 있다면 원달러 환율이 낮을 때 미리 달러로 환전하거나, 원달러 환율이 높을 때 원화로 환전하는 등의 접근이 가능하겠죠.

환율의
방향

달러의 방향을 예측하는 데 크게 2가지 방법이 있습니다. 첫 번째는 미국 국채금리의 흐름을 읽는 것이고, 두 번째는 다른 국가의 통화의 흐름을 가늠하는 것입니다.

달러 인덱스와 미국 10년물 국채금리의 흐름을 살펴보겠습니다. 미국 10년물 국채금리와 달러가 비슷하게 움직이는 것이 보이시나요? 아주 오랜 기간에 걸쳐 비슷한 움직임을 보이고 있습니다. 즉 미국 10년물 국채금리가 올라가면 달러도 올라가고, 떨어지면 달러도 하락하는 것이죠.

미국 10년물 국채금리가 올라간다는 것은 어떤 의미일까요? 미국의 경제가 강하다는 것을 의미합니다. 경제가 강하다는 것은 높은 금리를 감당할 수 있다는 뜻이고, 물가를 안정시켜야 하는 연

트레이딩뷰에서 살펴본 달러 인덱스(파란색), 미국 10년물 국채금리(주황색)

준 입장에서는 금리 인상의 중요한 동기로 작용합니다. 경제가 강하다는 건 해당 국가의 통화 역시 힘이 강해짐을 의미합니다. 미국 10년물 국채금리의 움직임에 따라 달러 인덱스의 방향이 결정되기 때문에 두 지표를 함께 보는 것이 좋습니다.

거시경제 지표를 통해 국채금리가 움직이는 방향을 짐작할 수 있다면, 그것만으로도 달러의 흐름을 예측할 수 있을 것입니다. 그럼 어떻게 거시경제 지표로 국채금리 흐름을 단기적으로나마 예

잠든 사이 통장에 돈이 쌓이는 미국주식 투자 공식

트레이딩뷰에서 살펴본 유가(주황색), 미국 10년물 국채금리(파란색)

측할 수 있을까요? 국채금리는 유가와 밀접한 상관관계를 보이므로 유가를 볼 필요가 있습니다.

유가와 미국 10년물 국채금리를 보면, 두 지표가 양의 상관관계를 보임을 알 수 있습니다. 유가가 상승하면 미국 10년물 국채금리도 상승하는 것이죠. 그도 그럴 것이 유가가 올라간다는 것은 가솔린, 증유, 항공유 등의 수요가 받쳐준다는 것입니다. 이러한 원자재가 활발하게 소비가 된다는 것은 그만큼 경제가 원활하다는 것을 의미합니다. 유가와 미국 10년물 국채금리가 함께 움직이는 배경입니다.

그러한 이유에서 저는 원유 관련 펀더멘털을 매주 확인하고 있습니다. 휴일이 없는 경우 매주 수요일, 휴일이 있는 경우 금요일 EIA에서 원유 재고량 관련 리포트를 발표하는데요. 그 리포트를 통해 원유 재고량과 원유 관련 제품 재고량, 수요 등 다양한 정보를 볼 수 있습니다. 원유 재고량이 떨어지면 유가는 상방 압력을 받고, 원유 재고량이 쌓이면 유가는 하방 압력을 받습니다. 이러한 지표에 따라 미국 10년물 국채금리는 변동할 수 있고, 달러의 움직임을 간접적으로 예측할 수 있습니다.

물론 달러의 흐름은 유가라는 하나의 이벤트만으로 좌우되는 것은 아닙니다. 국제 유가는 오펙(OPEC)회의라는 변수를 빼놓을 수 없습니다. 또 미국과 밀접한 캐나다 중앙은행의 금리 인하 여부 등 다른 대외 변수도 가늠해야 합니다. 모든 통화가 다 연결되어 있는 만큼 각국의 중앙은행에서 발표하는 금리 인상·인하 정책에 따라 달러의 향방이 달라질 수 있습니다. 여러 변수를 종합적으로 검토해서 지켜봐야 하는 이유입니다.

지금까지 달러와 국채금리와의 상관관계를 알아보았으니, 이번에는 달러와 다른 나라의 통화의 상관관계를 알아보겠습니다. 달러는 전 세계 기축통화이기에 달러의 세기에 따라 다른 나라의 통화가 큰 영향을 받지만, 반대로 다른 나라의 통화가 달러에게 영향을 주기도 합니다.

2024년 6월 6일, 캐나다 중앙은행은 기존금리를 기존의 5%에서 4.75%로 인하하는 결정을 내립니다. 경제성장률 둔화를 막기 위한 결정이었습니다. 그 결과 캐나다달러는 상대적으로 약세가 되었죠. 여기서 잊지 말아야 하는 것은 각국의 금리 정책이 달러에 영향을 미칠 수 있다는 점입니다.

달러(USD)를 캐나다달러(CAD)로 나눈 지표를 보겠습니다. 캐나다 중앙은행에서 기준금리를 인하하자 'USD/CAD'의 지표는 큰 폭으로 상승하기 시작했습니다. 금리 인하는 해당 국가 통화의 약세를 유발하고, 분모에 있는 캐나다달러가 약해지면서 'USD/CAD' 지표가 상승하게 된 것입니다. 미국 연준은 아무것도 하지 않았지만 캐나다 중앙은행의 금리 인하 발표로 달러가 강해지는 일이 벌어진 것입니다.

하지만 캐나다달러만이 미국 달러에 영향을 주는 지표는 아닙니다. 잠깐 다시 달러 인덱스 이야기로 돌아가죠. 연준이 작성하고

트레이딩뷰에서 살펴본 USD/CAD

발표하는 달러 인덱스는 세계 주요 6개국의 통화(유로, 엔, 파운드, 캐나다달러, 크로나, 프랑)에 대한 달러의 평균 가치를 지수화한 지표입니다. 이 6개국의 통화를 하나로 묶은 다음, 달러와 비교해 평균적으로 가치가 상승했는지 하락했는지 보는 것이죠. 여기서 중요한 것은 6개국 통화의 비중입니다. 각 통화의 비중은 해당 국가의 경제 규모 등을 고려해 결정됩니다. 보다시피 절반 이상을 유로화가 차지하고 있고, 캐나다달러의 비중은 9.1%입니다.

잠든 사이 통장에 돈이 쌓이는 미국주식 투자 공식

【 달러 인덱스 6개국 통화 비중 】

미국 달러

VS

유로
57.6%

엔
13.6%

파운드
11.9%

캐나다달러
9.1%

크로나
4.2%

프랑
3.6%

이처럼 달러는 여러 통화와 영향을 주고받는 기축통화이므로 캐나다달러뿐만 아니라 유로, 엔, 파운드, 크로나, 프랑 등 여러 국가의 통화 흐름을 종합적으로 관찰해야 합니다. 물론 모든 국가의 중앙은행 정책을 지켜봐야 한다는 의미는 아닙니다. 비중이 높은 주요국 위주로 모니터링하는 것이 좋습니다.

저는 달러의 흐름을 단기적으로 예측하기 위해서 유로(EUR/USD), 엔(USD/JPY), 파운드(GPB/USD), 캐나다달러(USD/CAD), 프랑(USD/CHF), 원(USD/KRW) 등을 리스트에 두고 관찰합니다. 모든 국가의 중앙은행 정책을 관찰하는 것은 어려운 일이기 때문에 상관관계가 높은 통화만 추적하는 편입니다.

이해를 돕기 위해 다른 예시를 살펴보겠습니다. 2024년 6월 27일 기준 달러 인덱스는 삼각수렴 패턴(Symmetrical Triangle

트레이딩뷰에서 살펴본 달러 인덱스

Pattern)을 그리면서 방향을 결정하려고 하고 있습니다. 패턴 속에서는 꾸준히 횡보했지만, 패턴 끝에는 결국 위 아니면 아래입니다. 어느 방향으로 갈지 알 수 없지만 참고할 수 있는 지표는 다음의 2가지입니다.

1. 매번 발표되는 거시경제 관련 지표를 꾸준히 관찰하면서 미국 10년물 국채금리와 유가의 흐름을 예측한다.

잠든 사이 통장에 돈이 쌓이는 미국주식 투자 공식

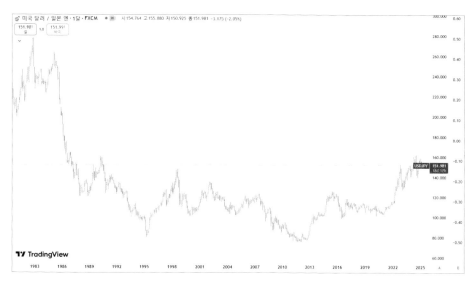

트레이딩뷰에서 살펴본 USD/JPY

2. 달러와 주요국의 통화와의 상관관계를 관찰한다.

이번에는 달러와 엔의 상관관계를 보도록 합시다. 'USD/JPY'를 보면 달러가 분자에 있고 엔이 분모로 잡혀 있습니다. 차트의 흐름을 보면 굉장히 가파른 랠리를 펼치고 있는데요. 랠리를 펼치는 이유는 당연히 분모에 있는 엔이 분자에 있는 달러에 비해 약세를 보이기 때문입니다. 특히나 엔은 1986년 이후로 약세 추세에 있습니다.

여기서 핵심은 160달러를 돌파하고 올라갈 수 있을지 여부입니다. 1986년을 기준으로 잡힌 저항선 160달러를 돌파하고 올라간다면, 장기적으로 더 올라갈 수 있음을 의미합니다. 약해진 엔으로 인해 달러 인덱스는 더욱 올라갈 수 있습니다.

환율의 흐름을 예측하는 데 있어서 중요한 것은 분석이 일회성으로 그쳐서는 안 된다는 것입니다. 연속적인 분석이 이어져야만 올바른 예측이 가능합니다. 거시경제를 꾸준히 관찰했을 때 전반적인 흐름이 머릿속에 잡히게 되는데요. 일반적으로 갑자기 큰 이벤트가 발생해 꺾이지 않는 이상 추세를 유지하기 마련입니다. 특히 거시경제는 꾸준한 관찰을 통해 방향을 유추하고 있는 것이 중요합니다.

참고로 한국은행 금융통화위원회는 2025년 1월까지 기준금리를 올리지 않고 꾸준히 동결했고, 2월 2.75%로 인하했습니다. 금리 동결과 인하는 원화 약세를 의미하며, 달러는 강해진다는 뜻이죠. 원화가 약세라면 환율은 당연히 올라갈 수밖에 없습니다.

잠든 사이 통장에 돈이 쌓이는 미국주식 투자 공식

【 한미 기준금리 추이 】

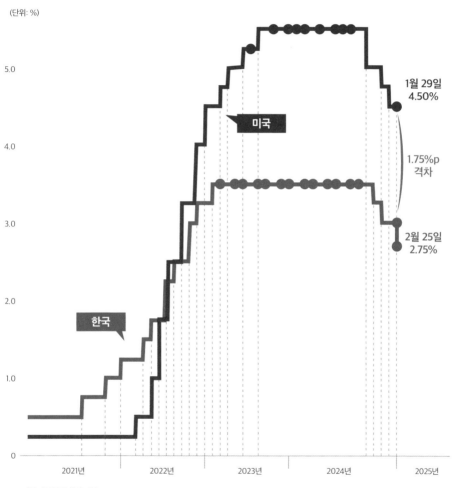

(단위: %)

미국

한국

1월 29일
4.50%

1.75%p
격차

2월 25일
2.75%

5.0

4.0

3.0

2.0

1.0

0

2021년   2022년   2023년   2024년   2025년

*미국 기준금리 상단 기준

최소한의
차트 분석

차트 분석을 한다고 해서 주가가 반드시 예측대로 가는 것은 아닙니다. 다만 차트를 기반으로 트레이딩을 하는 투자자가 세계적으로 많기 때문에 그들이 생각하는 기준을 알아둘 필요는 있습니다. 몇 가지 차트 패턴을 숙지함으로써 해당 패턴이 확률적으로 어떤 방향성을 갖고 올지 가늠할 수 있는데요. 차트의 흐름에 따라 계속 홀딩할지 혹은 리스크를 생각해서 포지션을 줄일지 결정할 수 있는 것이죠.

이해를 돕기 위해 실제로 투자할 때 도움을 받은 차트 패턴 중

트레이딩뷰에서 살펴본 세노버스 에너지의 차트

하나를 살펴보겠습니다. 제가 주력으로 투자하는 원유기업 중 하나인 세노버스 에너지(CVE)는 2024년 1분기에 큰 수익을 안겨준 종목입니다. 원유 섹터 관련 펀더멘털(수요, 공급, 원유 재고량, 정제 마진, 백워데이션 여부 등)이 가장 기본이지만, 전 세계 트레이더가 바라보는 관점 또한 무시할 수 없기에 차트의 흐름을 유심히 살펴봤는데요. 원유 펀더멘털의 흐름에 따라 세노버스에너지의 차트는 아주 좋은 흐름을 보여줬습니다.

당시 역헤드앤숄더 패턴이 발현되었고, 약 18달러대의 넥라인

(Neckline)을 돌파했죠. 그 결과 주가가 강한 상승을 보여줄 확률이 높다고 판단했고 실제로 넥라인 돌파 이후 약 20% 더 상승하는 모습을 보여줍니다.

물론 차트 패턴이 절대적인 것은 아닙니다. 제가 이미 세노버스 에너지라는 기업의 펀더멘털이 얼마나 유망하고 양호한지 파악하고 있었기 때문에 가능한 결과였습니다. 명심해야 할 것은 차트 패턴은 확률에 기반한 작은 힌트일 뿐, 절대적인 맹신의 대상이 아니라는 것입니다. 실제로 예상치 못한 갑작스러운 악재로 주가가 차트 패턴대로 움직이지 않고 과격한 모습을 보이는 경우도 자주 있습니다. 차트 패턴은 수많은 투자 근거 중 하나이자 참고 대상일 뿐입니다.

알아두면 좋은 차트 패턴

이제부터 제가 투자를 하면서 중요하게 살피는 차트 패턴 몇 가지를 알아보겠습니다.

잠든 사이 통장에 돈이 쌓이는 미국주식 투자 공식

【 웨지 패턴 】

라이징 웨지   폴링 웨지

먼저 '쐐기형'이라고도 부르는 웨지 패턴(Wedge Pattern)입니다. 그중에서도 라이징웨지 패턴(Rising Wedge Pattern)은 주가의 고점과 저점이 함께 높아지며 수렴하는 패턴을 의미하는데요. 라이징웨지는 일반적으로 추세의 상단에서 반전 형태로 하락세 전환을 암시하는 패턴입니다. 지지선과 저항선은 붕괴가 발생할 때까지 상향 대각선 기울기 방향으로 수렴하다가 하락하는 모습을 보입니다.

웨지 패턴은 삼각수렴 패턴과 달리 지지선과 저항선이 함께 상승한다는 특징이 있습니다. 또한 라이징웨지 패턴의 저항선은 지지선보다 완만한 기울기의 모습을 보이며 수렴 지점에서 추세 하

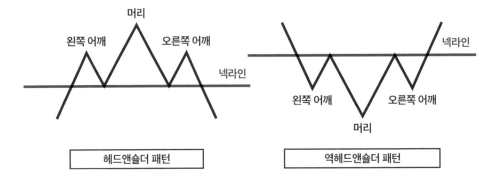

【 헤드앤숄더 패턴 】

머리

왼쪽 어깨

오른쪽 어깨

넥라인

넥라인

왼쪽 어깨

오른쪽 어깨

머리

헤드앤숄더 패턴	역헤드앤숄더 패턴

락의 모습을 보입니다.

참고로 라이징웨지 패턴의 반대를 폴링웨지 패턴이라고 하는데요. 끝자락 부분에서 결국 반등을 하는 패턴입니다. 패턴 끝에 곧바로 상승으로 뚫고 올라가기도 하고, 횡보하다가 반등하는 경우도 있습니다.

헤드앤숄더 패턴은 상승 추세가 하락 추세로 전환될 때 자주 등장하는 패턴 중 하나입니다. 3개(왼쪽 어깨, 머리, 오른쪽 어깨)의 고점을 형성한 후 넥라인을 하향 이탈하게 되면서 패턴이 완성됩니다. 여기서 넥라인은 2개의 어깨가 만들어지는 과정에서 저점을 연결시킴으로써 형성됩니다. 즉 헤드앤숄더 패턴이 나타난다면 향후

잠든 사이 통장에 돈이 쌓이는 미국주식 투자 공식

하락할 가능성이 높다는 것으로 해석할 수 있으므로 넥라인 진입 시점을 매도 타이밍으로 활용하면 됩니다.

하지만 이것을 역으로 기회로 활용할 수도 있습니다. 제 경험상 헤드앤숄더 패턴의 넥라인은 강력한 지지선으로 작용하기 때문에 넥라인이 지켜지기만 한다면 반등의 시작점이 되기도 합니다. 만약 넥라인이 무너진다면 트레이딩 관점에서 빠르게 매도해서 손실을 줄일 수 있지만, 넥라인이 지켜진다면 넥라인을 시작으로 연속적으로 수익을 추구할 수 있습니다.

이 패턴에서 가장 중요한 포인트 중 하나는 추세선, 기준선과 함께 거래량을 봐야 한다는 것입니다.

왼쪽 어깨: 평균적인 거래량보다 많아짐
머리: 고점을 찍을 때 왼쪽 어깨와 비슷하거나 거래량이 감소함
오른쪽 어깨: 상대적으로 거래량이 줄면서 상승하기 전 거래량으로 돌아감

하락장악형 패턴(Bearish Engulfing Pattern)은 상승 추세의 끝에서 하락 트렌드의 시작을 의미하는 패턴으로, 예시와 같이 장대음

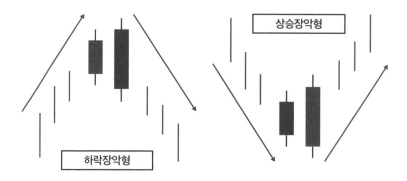

봉이 지난 횡보세를 삼켜버리는 현상이 나왔을 때 시작됩니다. 반대로 상승장악형 패턴(Bulish Engulfing Pattern)은 장대양봉이 지난 횡보세를 삼켜버릴 때 나타납니다.

여기서 알아야 하는 부분은 장악형 패턴이 나왔다라고 하더라도 이러한 패턴이 장기적인 흐름을 지배하는 것은 아니라는 점입니다. 하락장악형 패턴과 함께 며칠간 주가가 약세를 보이고 그 이후에 회복할 수도 있고, 혹은 하락장악형 패턴과 함께 꾸준히 주가가 하락할 수도 있기 때문이죠. 며칠 정도 단기적인 흐름을 예견하는 정도로만 받아들이는 것이 좋습니다.

다음은 다이아몬드 패턴(Diamond Pattern)입니다. 다이아몬드

【 다이아몬드 패턴 】

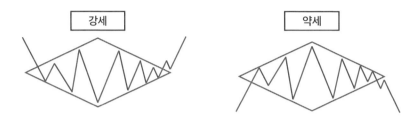

강세 약세

리버설 패턴(Diamond Reversal Pattern)이라고 부르기도 하는데요. 그 이유는 다이아몬드 패턴이 만들어지기 이전 추세의 반대로 방향이 정해지는 경우가 많기 때문입니다. 다이아몬드 패턴이 만들어지기 이전에 상승 추세라면, 다이아몬드 패턴의 끝자락은 확률적으로 하락으로 끝날 확률이 높습니다. 반대로 다이아몬드 패턴이 만들어지기 이전의 흐름이 하락이었다면, 다이아몬드 패턴의 끝자락은 상승으로 끝날 확률이 높습니다.

다음은 쐐기형 패턴의 변형인 오름차순 확장 쐐기형 패턴(Ascending Broadening Pattern)입니다. 이 또한 하락 패턴 중 하나로 주가가 상승 채널을 만들면서 올라가되, 점점 퍼지는 형식으로 이어간다면 높은 확률로 아래로 무너지는 결과를 보여줍니다. 미국 최대 반도체 ETF(VanEck Semiconductor ETF)를 예로 들어보겠

트레이딩뷰로 살펴본 오름차순 확장 쐐기형 패턴 예시

습니다.

　다음은 플래그 패턴입니다. 급격한 가격 움직임과 함께 강한 추세를 이어나가는 패턴으로, 지그재그 모양이 마치 깃발과 같다고 해서 플래그 패턴이라고 부릅니다. 깃발은 횡보 구간을, 깃대는 강한 추세의 높이를 뜻합니다. 주가가 지그재그로 채널을 만들면서 상승을 하는 모습을 보인다면 불 플래그 패턴(bull Flag Pattern)이

【 플래그 패턴 】

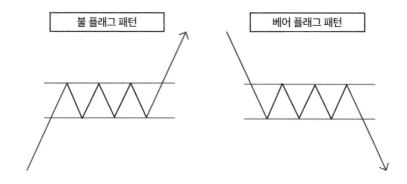

라 하며, 천천히 하락하며 채널이 무너진다면 베어 플래그 패턴(Bear Flag Pattern)이라고 합니다.

이번에는 V자형 패턴입니다. V천장형은 추세가 상승에서 하락으로 바뀌는 패턴으로, 주가가 급등락하며 V자 모양으로 잡히기에 이러한 패턴이 발생한다면 보수적으로 운영해야 합니다. 특히 급등주에서 이러한 움직임이 많습니다. V바닥형은 주가가 급락할 때 주로 나타나며, 악재의 소멸이나 희석으로 주가가 제자리를 찾을 때 생기는 패턴입니다.

마지막으로 컵앤핸들 패턴(Cup and Handle Pattern)입니다. 그림과 같이 포물선을 그리면서 상승하다가 다시 평행선을 그리면서

【 V자형 패턴 】

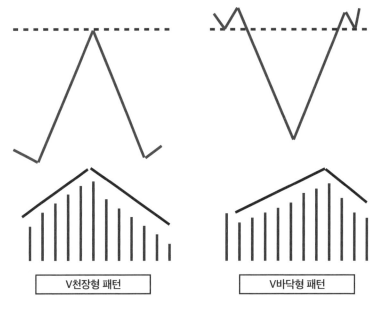

하락한 뒤 상승을 보여주는 패턴입니다. 이러한 패턴이 그려진다면 그 이후에 상승 확률이 높다고 보면 됩니다. 물론 그 반대인 인버스 컵앤핸들 패턴(Inverse Cup and Handle Pattern)도 염두에 둬야 합니다. 예시 차트처럼 리버스 컵앤핸들 패턴을 보일 때도 있으니 주의가 필요합니다.

잠든 사이 통장에 돈이 쌓이는 미국주식 투자 공식

【 컵앤핸들 패턴 】

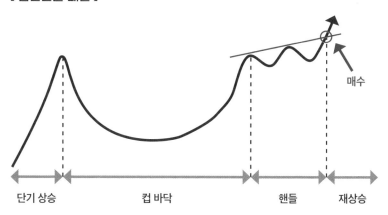

단기 상승 　　　　 컵 바닥 　　　　 핸들 　　 재상승

매수

트레이딩뷰로 살펴본 테슬라 인버스 컵앤핸들 패턴 예시

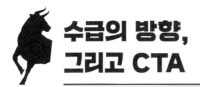

수급의 방향, 그리고 CTA

수급의 방향을 읽는 방법

　제가 권하는 수급의 방향을 읽는 방법 중 하나는 여러 비교군을 두고 상대적인 흐름을 통해 유추하는 것입니다. 예를 들어 분자에 QQQ, XLK, SPY, SPYG를 두고, 분모에 IWM, XLF, XLE, TLT, SPYV를 둔다고 가정해봅시다. 이것이 의미하는 바는 무엇일까요? 해당 지표가 플러스로 상승했다는 것은 분자에 있는 ETF가

【 ETF 간 비교를 통한 수급의 방향 읽기(2024년 5월 기준) 】

티커	값	이전 값 대비 변화량	변화율
QQQ/IWM	2.17	0.01	0.61%
XLK/XLF	4.85	0.1	2.09%
XLK/XLE	2.29	0.03	1.55%
SPY/TLT	5.57	0.16	2.95%
SPYG/SPYV	1.52	0.02	1.54%

분모에 있는 ETF에 비해 아웃퍼폼을 했다는 것을 의미합니다. 주가가 상승하려면 결국 분자가 오르거나 분모가 하락하거나 둘 중 하나이기 때문이죠.

이러한 결과물을 통해 어제 어떤 섹터가 더 좋았는지를 알 수 있습니다. 나스닥 및 S&P500에 있는 우량 성장주를 모은 QQQ를, 상대적으로 펀더멘털이 가벼운 성장주가 모여 있는 IWM으로 나눈 차트를 살펴보겠습니다.

'QQQ/IWM'이 상승한다는 것은 분자에 있는 QQQ가 분모에 있는 IWM 대비 아웃퍼폼을 했다는 것이고, 하락한다는 것은 분모

트레이딩뷰로 살펴본 QQQ/IWM 차트

에 있는 IWM이 분자에 있는 QQQ 대비 아웃퍼폼을 했다는 것을 의미합니다. 이제 여기서부터 단기적인 흐름을 유추하려면 차트에 대한 이해도가 어느 정도 필요합니다.

가장 먼저 표시해둔 가장 왼쪽 붉은색 박스 부분을 살펴봅시다. 잘 보면 'QQQ/IWM'이 트렌드에 따라 상승했다가 긴 장대음봉과 함께 상승 추세선이 깨졌음을 볼 수 있습니다. 차트적인 관점에서 이렇게 긴 장대음봉이 나오면서 추세선 아래로 돌파했다는 것은 앞으로 하락할 확률이 높음을 의미합니다. 이러한 차트 패턴을 통해 앞으로의 흐름을 유추할 수 있는데요. 차트만 보면 상대적으로 무게감 있는 QQQ보다는, 러셀2000 종목을 모은 IWM이 단기적으로 아웃퍼폼할 확률이 높은 상황입니다.

그럼 이후의 흐름은 어떨까요? QQQ가 IWM보다 아웃퍼폼한 후에 일본이 금리를 인상했습니다. 지금까지 QQQ 등에 투자된 엔캐리 트레이딩이 회수되기 시작했고 장대음봉을 보여주면서 하락했습니다. 이렇게 강력한 장대음봉이 나오면서 상승 추세선이 깨지는 경우 적어도 2~3일 동안은 분자에 있는 QQQ보다 분모에 있는 IWM이 아웃퍼폼할 확률이 높다고 유추할 수 있겠죠.

좀 더 이해를 돕기 위해 'XLK/XLE'를 살펴보겠습니다. 반도체 ETF인 XLK는 분자에 있고, 에너지 ETF인 XLE는 분모에 있는 상태입니다. 2024년 12월을 시작으로 거래일 21일에 걸쳐서 상승했기에 분자에 있는 반도체 ETF가 분모에 있는 에너지 ETF를 앞질러 아웃퍼폼했음을 알 수 있습니다. 여기서 잘 봐야 하는 것은 아웃퍼폼하는 과정인데요. 무려 4개의 갭을 만들면서 반도체가 큰 폭으로 상승했습니다.

트레이딩뷰로 살펴본 XLK/XLE 차트

　　갭에 주목하는 이유는 일반적으로 약 80%의 GAP은 다시 채워
지기 때문입니다. 반도체 ETF가 에너지 ETF를 아웃퍼폼하는 과
정에서 4개의 갭을 만들면서 상승했으니, 어떤 시점에서는 다시
에너지 ETF가 반도체 ETF를 앞지르며 갭을 메울 가능성이 높습
니다. 에너지 ETF가 아웃퍼폼하는 과정에서 'XLK/XLE'가 갭을
채우면서 하락할 수 있겠죠.

　　실제로 'XLK/XLE'는 장대음봉을 그리면서 하락했고 이것을 시

잠든 사이 통장에 돈이 쌓이는 미국주식 투자 공식

작으로 2개의 갭은 채워졌습니다. 물론 여기서 추가적으로 남은 2개의 갭이 채워질지 여부는 반도체 섹터에 영향을 미칠 수 있는 거시경제적 변수에 달려 있습니다.

갭에 더해서 차트 기법을 숙지한 상태에서 이러한 상관관계를 읽을 수 있다면 적어도 단기적으로 어떤 섹터가 보다 유망한지 알 수 있습니다. 물론 'XLK/XLE'가 상승한다고 XLK가 무조건 상승하고 'XLK/XLE'가 하락한다고 XLE이 무조건 상승한다는 의미는 아닙니다. 방금 말했듯이 상대적인 개념이라고 보면 됩니다. XLK가 하락했는데 XLE의 지표가 상대적으로 덜 하락하거나 횡보를 해도 'XLK/XLE'는 하락할 수 있습니다.

CTA를 알면
흐름이 보인다

그럼 이제 CTA에 대해서 알아보도록 하죠. CTA(Commodity Trading Advisory)란 모멘텀을 추종하는 알고리즘 매매 세력으로, 주로 원자재에 투자하는 헤지펀드를 일컫습니다. 제가 CTA의 방

【 CTA vs. S&P500 】

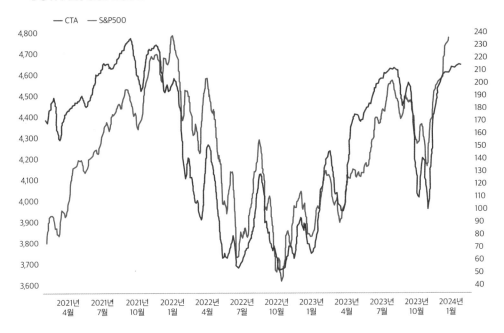

향을 확인하는 이유는 CTA 측에서 운영하고 있는 자금이 워낙 크기 때문입니다. 그 행보에 따라 시장의 흐름에 큰 영향을 미치곤 합니다.

CTA와 S&P500의 추이를 보면 2개 지표가 동일한 상관관계에 따라 움직였음을 알 수 있습니다. 당연히 CTA는 모멘텀을 추

잠든 사이 통장에 돈이 쌓이는 미국주식 투자 공식

Expected Flows in Different Scenarios by Market ($MM)								
	1 Week			1 Month			Simulated Realized	
Market	Flat	Up 2 STD	Down 2.5 STD	Flat	Up 2 STD	Down 2.5 STD	Last Week	Last Month
S&P 500 E-mini	-9,149	-5,426	-13,391	-11,609	3,287	-63,795	-4,146	-3,989
TOPIX	-3,855	-4,015	-8,804	-5,874	1,760	-23,183	-889	3,901
DAX 30	-1,447	-224	-3,523	-321	3,657	-17,910	-2,169	1,827
DJ Euro Stoxx 50	-1,411	-334	-5,616	1,288	7,638	-12,106	-5,696	-3,048
FTSE 100	3,212	3,085	-1,098	6,735	7,136	-19,814	-1,024	-5,265
Nasdaq 100 E-mini	-2,109	-1,513	-2,898	-3,006	1,130	-11,536	-1,123	-1,764
Russell 2000 E-mini CME	-365	-453	-246	-363	-302	-3,759	504	4,179
TSE 60	-108	-216	-410	-781	-307	-12,261	-315	10,036
Hang Seng	-3,140	-2,000	-3,163	-4,490	4,339	-4,338	-1,770	-2,688
SPI 200	155	62	-1,738	-295	1,097	-11,986	55	1,134
CAC 40	72	1,478	-7	295	10,911	-979	-33	-199
FTSE/JSE Africa Top 40	-27	-70	-418	-26	116	-5,574	164	771
Hang Seng China Ent. Idx	-1,795	-1,122	-1,794	-2,919	1,591	-2,826	-638	-1,105
Kospi 200	-691	-492	-1,103	-690	831	-4,320	-384	-282
AEX	-711	-294	-1,337	-935	1,233	-5,199	-1,114	-1,609
MSCIEM(NYL)	-935	-294	-2,014	-258	1,020	-5,506	-637	-530
IBEX 35	210	173	-188	211	358	-3,989	188	789
S&P/MIB	-462	-48	-1,089	-686	149	-4,496	-210	817
OMX Stockholm 30	-476	-62	-878	-250	800	-4,739	-1	133
SMI	-59	-112	-437	-58	294	-5,553	-7	-164
Thai stock exchange 50	-205	484	-450	-656	2,726	-790	-9	732
Totals	-23,294	-11,395	-50,601	-24,686	49,463	-224,660	-19,252	3,673

ZEROHEDGE에서 살펴본 CTA 예상 시나리오

종하기 때문에 주가와 비슷한 흐름을 보입니다. CTA의 역할은 S&P500의 매도가 추세적으로 잡힐 경우 함께 참가해 매도를 부추기고, 반대로 S&P500을 대상으로 매수세가 잡힐 경우 함께 매수해 주가가 보다 가파르게 상승하게 만듭니다.

이 대목에서 중요한 것은 CTA의 매매 기준입니다. 저는 유료 서비스를 통해서 CTA가 앞으로 어떠한 계획에 따라 매매할 것인지 정보를 살피는데요. 이를 위해서 사용하는 유료 서비스는 'ZEROHEDGE' 'GAMMALAB'입니다.

읽는 방법만 알고 있다면 해석이 매우 쉽습니다. 우선 CTA는 미국뿐만 아니라 한국 코스피를 포함해 전 세계를 대상으로 매매를 합니다. 하지만 우리는 미국주식에 투자하는 만큼 가장 첫 번째 행 (S&P500 E-mini)에 명시되어 있는 숫자만 보면 됩니다. CTA의 매매는 일주일 그리고 1개월로 구분되는데요. 우선 일주일을 기준으로 3가지 기준(Flat, Up, Down)을 제시합니다. Flat은 S&P500이 횡보할 때, Up은 S&P500이 상승할 때, Down은 S&P500이 하락할 때입니다. S&P500이 셋 중 어떤 움직임을 보이느냐에 따라서 CTA가 얼마나 매수 혹은 매도할지 보여주는 것이죠.

예시 자료에 의하면 CTA는 S&P500이 횡보하든, 상승하든, 하락하든 관계없이 꾸준히 매도할 계획을 갖고 있음을 볼 수 있습니다. 횡보하면 9.1B어치의 물량을 매도할 계획이고, 상승하면 5.4B어치의 물량을 매도할 계획이고, 하락하면 13.3B어치의 물량을 매도할 계획입니다. 이러한 계획을 통해서 앞으로 일주일 동안 시장이 하방 압력을 받을 가능성이 높음을 알 수 있죠.

CTA는 S&P500의 흐름에 따라서 매매를 한다고 했는데, 이번 경우에는 왜 주가가 올라도 매도를 하는 걸까요? CTA는 하루 단위로 주가가 상승 혹은 하락함에 따라서 포지션을 바꾸는 것이 아닙니다. 당시 시점으로 CTA의 단기 투자 기준선(Short-Term CTA

잠든 사이 통장에 돈이 쌓이는 미국주식 투자 공식

ZEROHEDGE에서 살펴본 S&P500 CTA 단기 투자 기준선

Pivot Level)은 5,463p인데요. S&P500이 이 기준 아래에 있는 한 주가가 어떻게 움직이든 계속 매도를 하게끔 되어 있습니다. 물론 어떠한 일련의 이슈로 인해 S&P500이 기준선 이상 올라가게 된다면 CTA의 매도 계획은 수정될 수 있겠죠.

저는 CTA를 보다 직관적으로 보기 위해서 GAMMALAB의 유료 서비스 또한 구독해서 보고 있는데요. 이곳에서 CTA의 비중을 직관적으로 볼 수 있습니다. CTA 포지션을 통해 얼마나 많은 물량

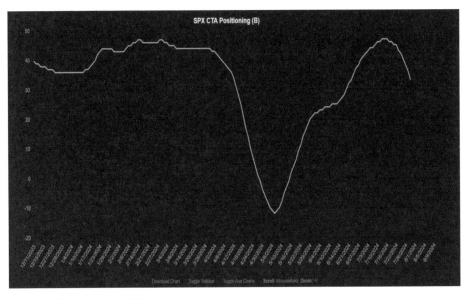

GAMMALAB에서 살펴본 CTA 포지션

을 미리 매집해둔 상태인지 혹은 이미 충분히 매도해서 비중이 적은지 확인할 수 있습니다. 비중이 적다면 앞으로 매집할 확률이 높아지겠죠. CTA 포지션을 보면 현재 매도가 진행되는 상태지만 전 저점까지 내려가기엔 매도해야 할 물량이 여전히 많이 남았음을 알 수 있습니다. 즉 한동안 CTA의 매도세에 의해서 S&P500이 하방 압력을 받을 가능성이 높은 것입니다.

CTA 포지션을 바라보는 월가의 시선에 대해 좀 더 알아볼까요?

잠든 사이 통장에 돈이 쌓이는 미국주식 투자 공식

다음은 2023년 10월 11일 〈연합인포맥스〉 기사입니다.

　골드만삭스는 "향후 한 달 동안 모멘텀 트레이더들은 모든 시나리오에서 스탠더드앤드푸어스(S&P)500을 매수할 것"이라는 분석을 제기했다. 골드만은 헤지펀드와 같은 추세 추종형(CTA) 투자자들의 주식 포지션이 역대급으로 낮은 수준이라고 분석했다. 골드만에 따르면 CTA들은 글로벌 증시에 약 900억달러가량의 매도(숏) 주문을 냈다. 미국 증시에서만 470억 달러가량의 숏이 있는 것으로 파악됐다. 이는 역대 CTA들이 보유한 최대 규모의 숏포지션이라고 골드만은 전했다. 마켓워치는 골드만을 인용해 S&P500을 파느라 바빴던 CTA들이 이제는 매수에 돌입할 것이라고 보도했다.

　이처럼 CTA 포지션이 시장에 적지 않은 영향을 주기 때문에 그 행보에 주목하는 모습입니다.

🐂 4장 핵심요약

- 거시경제 이벤트 강세를 꾸준히 확인하자. 지수는 거시경제의 영향을 많이 받기 때문이다. 또 거시경제에 있어 중요한 이벤트를 앞두고 있다면, 일단 트레이딩뷰에 들어가서 내재변동성을 확인해야 한다. 내재변동성이 이미 상승해 있다면 장이 시작되었을 때 결과와 상관없이 일단 상승할 가능성이 있다.

- 미국 채권 입찰 결과의 흐름을 알 수 있다면 주가의 향방을 읽는 데 도움이 된다. Indirect Bidder는 은행 및 기관으로 높을수록 채권 수요가 높음을 뜻한다. 수요가 높다면 국채금리는 낮아질 수 있고, 반대로 낮다면 국채금리는 높아질 수 있다.

- 수익률곡선을 통해 채권 시장을 참고하면 특정 거시경제 지표 결과에 대해서 시장이 어떻게 생각하고 반응할지 간접적으로 알 수 있다. 다양한 차트 패턴을 숙지해 앞으로 흘러갈 수 있는 시나리오에 대비하자.

잠든 사이 통장에 돈이 쌓이는 미국주식 투자 공식

- 유동성을 의미하는 지표의 이름은 연준 준비금이다. 연준이 채권을 매입함으로써 돈이 시장에 공급되면 주가가 상승할 수 있다.

- 달러의 방향을 예측하는 데 크게 2가지 방법이 있다. 첫 번째는 미국 국채금리의 흐름을 읽는 것이고, 두 번째는 다른 국가의 통화의 흐름을 가늠하는 것이다.

- CTA는 S&P500의 매도가 추세적으로 잡힐 경우 함께 참가해 매도를 부추기고, 반대로 S&P500을 대상으로 매수세가 잡힐 경우 함께 매수해 주가가 보다 가파르게 상승하게 만든다.

"실수를 피하는 유일한 길은
투자하지 않는 것이다.
그러나 그것이 가장 큰 실수다."
_존 템플턴

5장

실전 투자
따라잡기

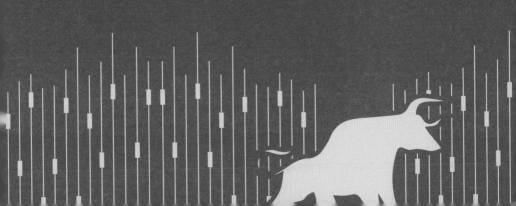

테슬라에
장기투자하라

"어떤 주식을 보유하고 있는지를 알아야만 할 뿐만 아니라, 왜
그 주식을 보유하고 있는지도 알아야 한다."

투자의 대가 피터 린치의 명언입니다. 투자하기로 마음먹
은 기업이 펀더멘털 관점에서 좋다고 해서 손놓고 기다리는 것은
금물입니다. 주식 시장에서 기업의 가치는 하루하루 변하기 때문
에 매수·매도·홀딩이라는 3가지 선택지를 가늠하며 매번 어떤 상
황이 벌어지고 있는지 살펴봐야 합니다. 매일 숙제처럼 관찰해야

하는 것이죠.

여기서 숙제란 단순히 뉴스 기사를 보란 것이 아닙니다. 주가가 상승하고 하락하는 데는 이유가 있기 마련입니다. 그 이유를 이해하고 투자하고 있는 기업의 재무제표 지표가 무엇을 의미하는지 이해했을 때, 비로소 시장의 움직임을 이해할 수 있습니다. 그것을 기반으로 어떻게 대응을 하면 좋을지 판단해야겠죠.

저도 매일 '숙제'를 합니다. 어떤 식으로 기준을 세우고 숙제를 하는지 실제로 장기투자하고 있는 테슬라를 예로 들어보겠습니다.

왜 테슬라인가?

많은 투자자가 테슬라에 투자하는 이유는 무엇일까요? CEO 일론 머스크의 혁신적인 비전과 수많은 성공사례 때문일 것입니다. 전기자동차 패러다임을 성공적으로 안착시켰고, 2025년에 이르러서는 자율주행 기술(FSD; Full Self Driving), 로보택시(사이버캡), 사이버트럭, 저가형 모델, 세미, 옵티머스 등 여전히 많은 기대감을 내재하고 있는 기업입니다.

　하지만 테슬라 투자가 매번 순조로운 것은 아니었죠. 이러한 가능성은 이미 2020년부터 언급된 것이고, 그 과정에서 한때 테슬라는 고평가되기도 했습니다. 프로젝트 완료 기한이 미뤄지거나, 전기자동차의 수요 약세에 대한 전망 등이 나오면서 주가는 높은 변동성을 그렸죠. 변동성이 너무 높아서 지난 수년간 장기투자자를 힘들게 한 기업이기도 합니다.

　어떤 기업이든 실적이 좋으면 주가는 상승하고, 실적이 악화되면 주가는 하락합니다. 테슬라 또한 예외는 아니었습니다. 정말 많은 기대감을 심어주었지만 실적 및 가이던스가 좋지 않았던 시기에 프리미엄을 선반영하기도 했고, 그러한 프리미엄을 돌려주는 과정에서 주가가 큰 폭으로 하락하기도 했습니다.

　테슬라의 주가와 매출총이익률의 상관관계를 살펴보겠습니다. 패러다임을 전기자동차로 바꾸면서 마진을 27%까지 끌어올리는 데 성공했으나, 그 이후 경쟁이 심화되면서 제품 가격을 낮춰야만 했습니다. 그 과정에서 마진은 27%에서 17%까지 하락했고, 테슬라의 주가 역시 3년에 걸쳐서 암흑기를 보내게 됩니다.

　물론 모두에게 암흑기였던 것은 아닙니다. 기업의 펀더멘털과

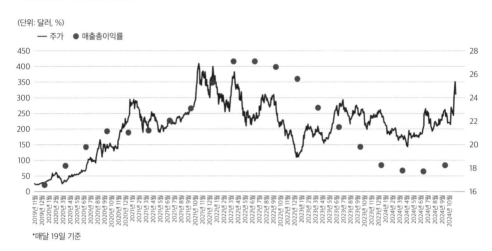

(단위: 달러, %)
— 주가　● 매출총이익률

*매달 19일 기준

밸류에이션에 따라 단기적 트레이딩으로 접근했다면 변동성 높은 테슬라는 매력적인 투자 대상이었겠죠. 2024년 4월 29일, 저는 제 네이버 프리미엄콘텐츠에서 '테슬라를 어떤 이유에서 계속 매집했는가'라는 제목의 칼럼을 올립니다. 당시 테슬라의 P/OCF Ratio는 43.57배, 즉 시가총액은 연간 영업현금흐름 대비 43배 평가를 받고 있었습니다. 테슬라의 경우 지난 4년에 걸쳐서 P/OCF Ratio가 평균 47.2배였던 기업입니다. 즉 명확하게 저평가였던 것이죠.

당시에도 여전히 테슬라의 실적과 전망은 미래가 불분명한 편이었습니다. 하지만 밸류에이션 관점에서 저평가라는 것은 좋지 않은 실적과 악재가 주가에 선반영되었다는 의미입니다. 시장에서 알지 못하는 새로운 악재가 생기지 않은 다음에야 반등할 가능성이 높았던 것이죠.

제가 2024년 4월 29일을 기점으로 본격적으로 포지션을 잡고 장기투자를 할 수 있었던 이유는 테슬라가 턴어라운드 할 것이라고 시장이 어느 정도 예상하는지 알고 있었기 때문입니다. 하나의 기업을 대상으로 EPS부터 자본적 지출까지 모든 수치에 대해 분석했고, 각 수치별로 성장률이 어느 정도 컨센서스 잡혀 있는지 관찰했습니다. 그 과정에서 2025년 1분기를 시작으로 성장률이 본격적으로 플러스가 된다는 것을 알 수 있었죠. 실제로 2024년 1분기와 2분기 데이터를 보면 역성장이 대부분이었던 것을 알 수 있습니다. 이에 따라 당시 테슬라의 주가 퍼포먼스는 상당히 좋지 않았습니다.

2024년 3분기를 시작으로 몇몇 지표는 역성장에서 턴어라운드하는 모습을 보여줄 것이란 예측이 있었고, 2025년 1분기부터 다시 성장 궤도에 오를 가능성이 보였습니다. 이러한 전망이 계속 유

【 테슬라 2024년 1분기~2025년 1분기 재무제표 】

기간	2024년 1분기	2024년 2분기	2024년 3분기	2024년 4분기	2025년 1분기
12 Months Ending	3월 31일	6월 30일	9월 30일	12월 31일	3월 31일
EPS, Adj+	-47.06	-37.46	-3.84	-0.13	58.25
EPS, GAAP	-53.42	-39.26	3.30	-72.21	92.35
Revenue	-8.69	-4.11	8.24	7.33	22.63
Gross Margin %	-9.84	-4.78	-1.95	0.50	4.93
Operating Profit	-56.04	-25.15	20.16	17.31	119.08
EBIT	-56.04	-25.51	19.02	16.32	122.97
EBITDA	-20.69	-18.94	9.94	14.60	38.73
Pre-Tax Profit	-35.46	-38.80	-5.64	22.93	28.37
Net Income, Adj+	-47.59	-36.07	-2.70	2.56	66.16
Net Income, GAAP	-55.07	-38.56	3.84	-72.24	103.36
Net Debt	-0.74	29.64	25.29	26.60	-5.08
BPS	33.13	22.94	21.32	6.93	5.69
CPS	-90.43	18.98	25.53	-12.65	1,631.24
Return on Equity %	-15.37	-56.82	-44.51	-52.25	-39.53
Return on Assets %	-9.67	-89.33	-86.46	-87.97	-86.89
Depreciation	28.67	64.79	52.92	53.06	58.33
CAPEX	33.83	22.09	2.24	11.87	-17.60

잠든 사이 통장에 돈이 쌓이는 미국주식 투자 공식

효하다면 장기투자하기에 좋았던 것이죠. 물론 투자는 한 번 포지션을 잡았다고 끝나는 것은 아닙니다. 포지션을 잡은 뒤에도 만약 전망이 더 개선될 것이라고 판단되면 수량을 늘릴 수 있고, 반대로 예상만큼 퍼포먼스를 보이지 못하면 수량을 줄일 수 있죠.

제가 포지션을 늘린 이유는 2024년 10월 20일 올린 '테슬라 24Q3 실적 선행분석' 칼럼에서 찾아볼 수 있습니다. 실적이 어떻게 나올지는 몰랐지만 그럼에도 리스크 테이킹(Risk Taking)을 했던 이유에는 여러 가지가 있는데요. 저는 테슬라의 실적과 가이던스 현황을 꾸준히 관찰했는데, 테슬라는 2023년 3분기를 시작으로 2024년 2분기까지 4번 연속으로 실적이 시장의 기대치를 따라가지 못했습니다. 빅테크가 이러한 '실적 미스'를 4번이나 보이는 것은 흔치 않은 일이죠. 5번 연속으로 실적 미스가 날 가능성이 있었지만 2025년 1분기 성장률이 턴어라운드를 하기 전에 2024년 3분기부터 회복기에 접어들 가능성도 있었죠. 실적 서프라이즈에 대한 기대가 적지 않았기에 제 포트폴리오에서 비중을 줄이지 않았습니다.

두 번째 이유는 애널리스트들의 컨센서스와 비교해도 테슬라가 저평가 상태였기 때문입니다. 테슬라의 주가와 영업이익의 상관관

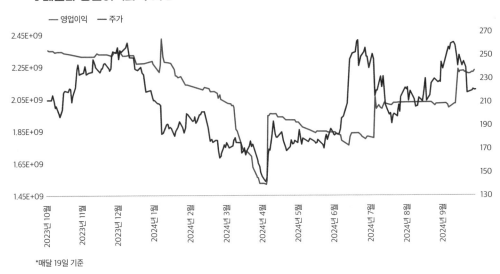

【 테슬라 영업이익과 주가 】

— 영업이익 — 주가

*매달 19일 기준

계를 보겠습니다. 애널리스트들의 평균 영업이익 컨센서스가 상향 조정되면 주가는 상승하고, 하향 조정되면 주가는 하락했음을 알 수 있습니다. 2024년 10월 8일 '로보택시 데이' 행사가 있었고, 그때 많은 내용이 공개되지 않으면서 주가는 8% 가량 하락했습니다. 그런데 정작 애널리스트들의 컨센서스에는 큰 변화가 없었습니다. 즉 테슬라의 펀더멘털은 그대로인데 주가만 과한 리액션을 보여준 것이죠. 이것이 추가 매수의 근거가 되었습니다.

잠든 사이 통장에 돈이 쌓이는 미국주식 투자 공식

【 섹터별 수급 현황(2025년 1월 1일 기준) 】

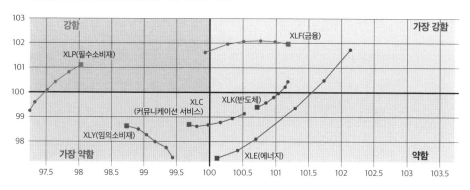

　세 번째 이유는 테슬라에 잡혀 있던 수급 현황입니다. 수급 현황은 크게 가장 강함, 약함, 가장 약함, 강함이 있으며, X축은 힘 그리고 Y축은 모멘텀을 의미합니다. 그때 당시 테슬라가 위치해 있던 임의소비재 ETF, XLY를 기준으로 살펴보면 모멘텀과 힘이 제일 약한 위치에 있음을 알 수 있습니다. 참고로 XLY의 비중을 보면 아마존이 1등이고, 그다음이 테슬라인 상황이었습니다. 일반적으로 주가가 한창 잘나갈 때 수급 현황은 가장 강함에 있기 마련이고, 주가가 제일 못 나갈 때 가장 약함에 있는데요.

　추매를 고려한다면 대상 주식이 가장 강함에 있을 경우 피하고, 가급적이면 약함 혹은 가장 약함 구간에서 결정을 해야 합니다. 수급 현황은 시계방향으로 돌고 도는데 가장 약함이 단기적으로는 바닥을 의미하며 이후에 강함을 지나 가장 강함으로 가는 것은 시간문제입니다.

마지막 이유는 실적 발표 전에 주가 흐름과 실적 결과와의 상관관계 때문이었습니다. 그동안 테슬라는 실적 발표가 있기 약 1~2주 전부터 주가가 하락했다면 실적 발표 이후 상승하는 모습을 보여줬습니다. 반대로 주가가 미리 상승하는 모습을 보였다면 그 기대감에 부응하는 모습을 보여주지 못했을 때 하락했죠. 2024년 3분기 직전, 테슬라의 주가는 로보택시 데이에 대한 실망감으로 하락한 상태였습니다. 주가 흐름과 실적 결과와의 상관관계가 그대로 이어진다면 실적 결과가 좋을 경우 주가가 오를 확률이 높았던 것이죠.

2024년 3분기 결과는 실적 서프라이즈였습니다. 비록 매출액은 컨센서스 대비 1% 정도 실적 미스가 났지만, EPS는 무려 20.85%를 돌파하는 모습을 보여줬습니다. 가장 놀라운 실적은 바로 매출총이익(Gross Margin)입니다. 매출총이익이 17.99%를 돌파한 것이죠. 게다가 2024년 3분기 어닝콜에서 가이던스를 암시했는데, 2025년 출고량이 최소 20~30%는 성장할 것이라고 발표한 바 있

TSLA 24Q3	Actuals	Mean Consensus	Beat/Miss (%)	Low Consensus	High Consensus
Adjusted Basic EPS	0.72	0.59	20.85%	0.55	0.78
Revenue	25,182.00	25,534.00	-0.97%	23,777.00	27,245.00
Number of Vehicles Sold	462,890	462,997.81	-0.02%	424,069.00	491,502.55
Model 3/Y	439,975	438,078.88	0.43%	401,285.00	449,666.40
Model 3		139,362.22		104,000.00	236,975.00
Model Y		304,690.28		278,948.50	328,868.32
Other Models	22,915	23,167.64	-1.09%	21,335.49	24,936.60
Model S/X		18,711.72		8,000.00	35,000.00
Model S		6,382.30		4,000.00	9,485.75
Model X		7,591.61		4,500.00	12,000.00
Cybertruck		12,143.18		4,000.00	17,810.00
Blended ASP		42,182.07		38,337.78	44,768.28
Number of Vehicles Produced	469,796	462,715.37	1.53	435,247.05	479,002.55
Automotive Gross Margin (%)		17.05		13.75	19.42
Gross Margin	19.80	16.73	17.99%	14.07	19.04

테슬라 2024년 3분기 실적

습니다.

　2024년 3분기 실적을 기점으로 애널리스트들이 잡아둔 컨센서스는 큰 폭으로 변화했습니다. 실적 발표 이후 EPS, 매출총이익, 영업이익, EBITDA 등에서 큰 폭으로 성장했습니다. 애널리스트들은 이러한 흐름이 2024년 4분기 그리고 2025년 1분기까지 꾸준히 이어질 것이라고 예측했습니다. 이처럼 자신이 투자하고 있는 기업의 주가가 올라가고, 그와 동시에 펀더멘털 지표가 발맞춰서 함께 개선된다면 매도할 이유는 전혀 없는 것이죠.

하지만 이게 전부가 아니었습니다. 2024년 3분기 실적 이후 또 다른 한 방이 기다리고 있었죠. 그것은 바로 미국 대선이었습니다. 많은 테슬라 투자자가 미국 대선 결과에 주목한 이유는 일론 머스크가 트럼프를 전폭적으로 지지하는 모습을 보였기 때문입니다.

실제로 테슬라의 주가 흐름과 트럼프 당선률은 양의 상관관계를 보였습니다. 2024년 2분기를 시작으로 트럼프의 당선률이 상승하면 주가는 상승했고, 당선률이 떨어지면 주가는 하락했습니다. 물론 트럼프 당선이라는 이벤트 하나가 테슬라라는 기업을 하루아침에 일으켜세운 것은 아닙니다. 하지만 일론 머스크가 트럼프 당선에 크게 일조하면서 자율주행 기술 규제가 완화될 가능성이 높아지는 등 호재임은 분명했죠.

투자자 입장에서 해야 할 일은 자신이 테슬라를 들고 있으니 무조건 응원하는 것이 아닙니다. 테슬라라는 기업은 내가 주식을 보유하고 있는지 알지 못합니다. 투자자 입장에서 해야 하는 것은 테슬라의 '현재'를 객관적으로 평가하고, 상승할 가능성이 높은지 낮은지를 판단하고, 판단에 걸맞게 대응하는 것뿐입니다. 대선 결과에 있어서 트럼프가 당선될 확률이 높다고 판단했다면 테슬라의 비중을 늘려야 하는 것이고, 그것이 아니라면 비중을 줄여야 합니

【 테슬라 주가 vs. 트럼프 당선률 】

(단위: 달러, %)

다. 따라서 대선 결과를 매우 깊게 분석할 필요가 있었죠.

미국의 중도성향 정치전문 웹진 〈리얼클리어폴리틱스〉에 따르면, 대선 전날 기준으로 트럼프가 48.5%, 해리스가 48.4%로 0.1%p의 차이로 트럼프가 우세한 모습을 보였습니다. 그럼 단지 0.1%p 우세하기 때문에 트럼프가 승리할 것이라고 단정 지을 수 있을까요? 아니면 아슬아슬하고 불확실하다고 봐야 할까요? 2024년은 트럼프에게 있어서 세 번째 대선 경합이었습니다. 2024년의 당선률을 기준으로 판단하는 것이 아니라 2016년, 2020년 데이터와 비교할 필요가 있었죠.

　그런 의미에서 먼저 2016년 트럼프와 클린턴의 당선률 데이터를 보겠습니다. 2016년 트럼프와 클린턴의 당선률 차이는 1.1%p였습니다. 클린턴이 트럼프보다 앞서고 있었죠. 개표를 해보니 1.7%p 차이로 트럼프가 승리했습니다. 그럼 2020년 바이든과의 대선 경합은 어땠을까요? 개표 진에 바이든이 2.3%p 차이로 앞서고 있었는데, 개표 후 이 차이는 0.03%p로 좁혀집니다. 물론 바이든이 승리했죠.

　즉 과거의 데이터를 보면 클린턴과의 1.1%p는 트럼프가 거뜬히 넘긴 반면, 바이든과의 2.3%p는 넘지 못한 것입니다. 바이든과의 격차는 0.03%p로 매우 아슬아슬했으므로 2%p 정도의 차이라면 열세를 보여도 가능성이 있음을 알 수 있죠. 그럼 이번 2024년 트럼프가 0.1%p의 격차로 상대 후보를 앞선다는 것은 어떤 의미일까요? 이제 데이터가 달리 보이지는 않나요? 처음으로 트럼프가 상대 후보보다 우세했던 만큼 트럼프의 당선률은 매우 높음을 알 수 있습니다.

　트럼프의 당선률을 2024년, 2020년, 2016년과 비교해보겠

　잠든 사이 통장에 돈이 쌓이는 미국주식 투자 공식

(단위: %)
— 2024년 대선   — 2020년 대선(2019년 11월 4일~2020년 11월 4일)   — 2016년 대선(2015년 11월 3일~2016년 11월 3일)

습니다. 대선 직전 기준으로 2016년 트럼프의 당선률은 45.3%, 2020년 트럼프의 당선률은 44%, 2024년 트럼프의 당선률은 48.5%입니다. 2024년 트럼프의 승률이 다른 해에 비해 가장 높다는 것을 알 수 있습니다. 테슬라 주주로서 트럼프의 당선에 확신을 가지고 포트폴리오 비중을 공격적으로 높인 배경입니다.

트럼프의 당선에 따라 테슬라의 주가는 15% 이상 갭 상승하는 모습을 보여줍니다. 2024년 3분기 실적과 같이 테슬라가 펀더멘

【 테슬라 주가 vs. EPS 컨센서스 】

(단위: 달러)

— 테슬라 주가　— EPS 컨센서스

0.85
0.8
0.75
0.7
0.65
0.6
0.55
0.5

330
250
230
180
130

2023년 10월
2023년 11월
2023년 12월
2024년 1월
2024년 2월
2024년 3월
2024년 4월
2024년 5월
2024년 6월
2024년 7월
2024년 8월
2024년 9월
2024년 10월

*매달 24일 기준

털적으로 좋은 모습을 보여준 것이 아니라, 트럼프 당선이라는 호재 하나만으로 주가가 오른 것입니다.

이런 생각이 들지도 모릅니다. '그냥 다른 정치테마주처럼 단기적으로 오른 게 아닐까?' 하는 의심 말이죠. 과연 정당한 상승이라고 볼 수 있을까요? 테슬라의 주가와 월가의 애널리스트들이 잡고 있는 평균 EPS 컨센서스와의 상관관계를 보면 알 수 있습니다. 자율주행 기술에 대한 규제가 완화될 것으로 예측되면서 많은 애널

잠든 사이 통장에 돈이 쌓이는 미국주식 투자 공식

리스트가 목표 주가를 상향 조정했고, 그에 따라 주가가 합리적으로 오른 것입니다. 이제 여기서 주가가 추가로 올라가려면 실적으로써 증명해주면 되겠죠.

테슬라의 성장이
기대되는 이유

이번에는 어떠한 이유에서 테슬라의 성장률이 올라갈지 알아보고자 합니다. 테슬라의 실적이 앞으로도 양호할 것으로 예상하는 이유는 무엇일까요?

테슬라의 예상 출고량 자료를 보겠습니다. 저가형 모델의 약진이 특히 기대되는데요. 2026년에 매우 큰 폭으로 늘어날 것으로 예상되는 만큼 매출에 크게 기여할 것으로 보입니다. 일론 머스크는 2024년 3분기 어닝콜에서 2025년에 출고량에 있어서 약 20~30% 성장할 것이라는 가이던스를 제시했는데요. 만약 저가형 모델이 예상대로 정말 잘 팔려서 좋은 실적으로 이어진다면, 2026년의 수치까지 선반영된 것이 아니기 때문에 당연히 주가는

【 테슬라 출고량 및 예상 출고량 】

(단위: 만 대)

■ 모델 3/Y ■ 사이버트럭 ■ 로드스터 ■ 세미트럭 ⬚ 저가형 모델 ■ 모델 S/X

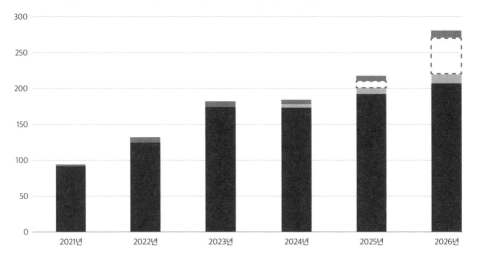

상승할 수 있는 여지가 남아 있습니다.

그리고 사이버트럭 또한 2026년 1분기를 시작으로 본격적으로
성장할 것으로 보입니다. 2024년 그리고 2025년까지 사이버트럭
의 출고량은 모델 S/X와 큰 차이가 없을 것으로 예상되고 있지만,
2026년부터 사이버트럭의 성장률은 모델 S/X를 뛰어넘을 것으로
기대됩니다. 사이버트럭 역시 전체적인 출고량에 기여할 것으로
보입니다.

잠든 사이 통장에 돈이 쌓이는 미국주식 투자 공식

【 테슬라 에너지 생성 및 저장 사업 성장률 】

(단위: M, %)

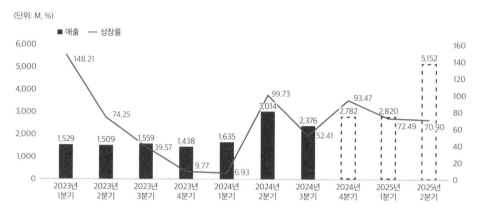

테슬라에는 자동차만 있는 것은 아닙니다. 에너지 생성 및 저장 (Energy Generation & Storage) 사업 또한 영위하고 있는데요. 현재 관련 사업부의 매출은 테슬라의 EPS에 8% 기여하고 있지만, 만약 2025년 1분기 72%, 2분기 70%의 성장률을 보여준다면 EPS 기여도는 약 20%까지 늘어날 것으로 전망됩니다. 테슬라의 전체 성장률을 견인할 수 있는 것이죠.

테슬라는 2024년 매출액 성장률 3%를 기록하면서 주가가 부진한 모습을 보여줬으나, 2025년을 시작으로 상황이 달라지기 시작했습니다. 실제로 실적 전망은 밝을 것으로 예측됩니다. 2025년

(단위: M, %)

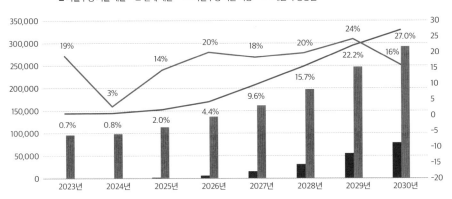

■ 자율주행 기술 매출　■ 전체 매출　— 자율주행 기술 비중　— 매출액 성장률

이후 예상치를 보면 2026년부터 2029년까지는 20% 이상의 매출액 성장률을 기록할 것이라고 예측되는데요. 장기투자자로서 안심되는 지표가 아닐 수 없습니다.

테슬라의 2024년 이후 저가형 모델에 의한 출고량 증가가 매출액 성장률에 크게 기여할 것으로 보이지만, 트럼프 당선과 함께 상황이 조금 달라졌습니다. 자율주행 기술에 대한 규제가 낮아짐에 따라 자율주행 기술에서 비롯되는 매출, 그리고 로보택시로 인해 발생할 매출이 커질 것으로 예측됩니다.

2025년 기준 자율주행 기술로 인한 매출은 테슬라의 전체 매출액 대비 1.6%일 정도로 미미하지만, 트럼프 정부의 등장과 함께 관련 규제가 낮아지고 자율주행 기술이 미국 전반으로 빠르게 퍼져 상용화된다면 상황은 달라질 것입니다. 2030년쯤에는 전체 매출액의 27%가량 차지할 것으로 예측되고 있습니다. 놀라운 결과입니다. 2025년 1월 어닝콜에서 일론 머스크는 2025년부터 무인 자율주행 기술을 일부 주에서 유료로 판매할 계획이라고 밝혔습니다.

게다가 자율주행 기술력에 있어서 테슬라가 경쟁사 대비 우세한 것은 두말할 것도 없겠죠. 차선 변경 기능, 시내 자율주행 기능 등 자율주행 기술에서 필요한 12개 항목을 테슬라는 전부 구현한 반면, 다른 경쟁사는 12개 항목의 기능을 아직 구현하지 못한 상태입니다. 테슬라가 다른 경쟁사에 비해 압도적인 기술력 격차를 보이고 있는 이유는 매일 도로에서 주행하고 있는 테슬라 자동차들을 통해 무려 1.55조 마일 이상의 데이터를 쌓고 있기 때문입니다. 이러한 격차를 더 벌리기 위해 AI에도 투자를 마다하지 않고 있습니다.

과매도 여부가
중요하다

이처럼 장기투자에 있어서 중요한 것은 자신의 기존 물량을 유지하되 좋은 위치에서 매수를 해나가는 것입니다. 끝없는 변동성 속에서 기존 물량을 지키려면 장기적인 전망이 유효한지에 대한 고찰이 꾸준히 진행되어야 합니다. 바로 그러한 이유에서 월가가 바라보고 예측하고 있는 테슬라의 장기적인 매출액 성장률, 미래 출고량 예측치, 에너지 생성 및 저장 사업 성장률, 사이버트럭 성장률, 자율주행 기술 및 로보택시 등의 요소를 다양한 리서치 자료를 통해 확인하는 것이죠.

장기적인 방향에 문제가 없다면 변동성을 이용해서 최대한 좋은 위치에서 분할 매수해야 합니다. 주식 시장은 항상 과매수와 과매도를 동반하는 만큼 주가가 조정을 받아 과매도 영역에 진입했을 때 수량을 천천히 늘려나가야 하는데요. 과매도인지 아닌지를 구분하는 방법에는 여러 가지가 있습니다.

제가 테슬라를 매일 추적 관찰하면서 어떤 요인으로 주가가 상승하고 하락하는지를 확인하는 방법으로는 다음의 4가지가 있습

잠든 사이 통장에 돈이 쌓이는 미국주식 투자 공식

니다. 다음의 4가지 현상을 보인다면 과매수라고 판단할 수 있습니다.

1. 수급 현황: 가장 강함에 있을 때
2. 콜옵션 프리미엄: 전고점을 넘을 때
3. RSI: 70 이상에 도달했을 때
4. 볼린저 밴드: 파랑색 영역 상단을 돌파했을 때

일반적으로 RSI와 볼린저 밴드가 교집합적으로 과매수임을 보여주고 있을 때, 추가 매수를 하지 않고 기다리는 것만으로도 절반은 성공했다고 볼 수 있습니다. 하지만 더더욱 정교한 툴을 사용하면 보다 정밀한 매수 계획을 세울 수 있는데요. 그것은 옵션 세력들이 지불하는 프리미엄과 모멘텀에 따라 형성되는 수급 포지션을 확인하는 것입니다.

가장 먼저 제가 매일 참고하는 수급 현황부터 보도록 하겠습니다. 수급 현황은 4가지로 나뉘어져 있으며 이 안에서 내가 투자하고 있는 ETF가 어떤 분면에 위치해 있는지를 파악함으로써 대응 계획을 세워나갈 수 있습니다.

【 섹터별 수급 현황(2025년 1월 11일 기준) 】

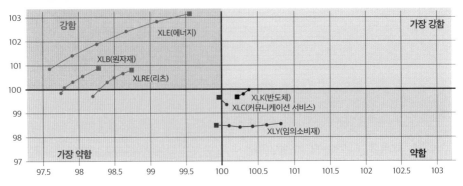

1. 가장 강함: 수급이 가장 강해 주가가 단기적으로 고점이다.

2. 약함: 수급이 약해지는 구간으로 주가가 조정을 받는다.

3. 가장 약함: 수급이 가장 약한 구간으로 주가가 단기적으로 저점이다.

4. 강함: 수급이 개선되는 구간으로 주가가 상승한다.

참고로 수급 현황대로 주가가 반드시 움직이는 것은 아닙니다. 대내외 변수를 고려해야 하며 확률이 높다고만 보면 됩니다. 수급 현황은 보통 시계방향으로 도는데요. 도는 궤적이 크고 작음의 차이만 있을 뿐입니다. 만약 테슬라가 가장 강함에 위치해 있다면 그

잠든 사이 통장에 돈이 쌓이는 미국주식 투자 공식

것은 단기적 고점을 의미하기에 매수를 하지 않고, 약함 혹은 가장 약함으로 갈때를 대비해서 현금을 모아놓을 필요가 있습니다. 반대로 가장 약함으로 진입했을 때는 단기적 저점을 의미하므로 나중에 강함 혹은 가장 강함으로 갈 때를 대비해서 분할 매수를 해야 합니다.

수급 현황에 대해서 알아봤으니 다음으로 콜옵션 프리미엄을 살펴보겠습니다. 특정한 호재가 터져 주가가 상승했고, 충분히 상승했다고 생각되었음에도 불구하고 더 큰 폭으로 주가가 상승하는 현상. 테슬라 주주라면 여러 번 보았을 것입니다. 그러한 현상을 바로 감마 스퀴즈(Gamma Squeeze)라고 합니다. 콜옵션을 매도한 마켓메이커가 나중에 콜옵션이 행사되있을 때 주식을 사시 줘야 하는데, 주가가 올랐을 때 사서 주면 큰 손해가 발생하기에 미리 본주를 매수함으로써 헤징을 하는 행위를 일컫습니다.

이해를 돕기 위해 예를 들어보겠습니다. 600달러 주가의 테슬라 콜옵션과 900달러 주가의 테슬라 콜옵션이 있다면 어떤 콜옵션이 나중에 행사될 확률이 높을까요? 마켓메이커는 이러한 콜옵션을 프리미엄을 받고 투자자들에게 파는데, 600달러에 도달할 확률이 높은 만큼 투자자들로부터 받는 프리미엄 금액은 600달러가 900달러보다 훨씬 높습니다. 지금 현재 주가와 가까울수록 콜옵션을 매수하는 데 들어가는 비용은 올라가고, 멀수록 콜옵션을 매수하는 데 들어가는 비용은 줄어드는 것이죠.

콜옵션은 특정 주가에 주식을 행사해서 받을 수 있는 권리를 의미합니다. 콜옵션을 프리미엄을 받고 파는 입장에서는 만기일 이내에 정해놓은 주가까지 도달하지 못해 만료가 되어 사라지는 것이 가장 좋은 시나리오이지만, 반대로 만약 만기일 이내에 실제로 600달러에 도달한다면 테슬라 주식을 사서 줘야만 합니다. 콜옵션을 매수한 콜옵션 소지자는 콜옵션을 행사함으로써 테슬라 주식을 받으려고 할 것이기에 600달러까지 가는 것은 마켓메이커 입장에서는 원하지 않는 시나리오겠죠.

이러한 상태에서 호재가 터져서 주가가 올라가 콜옵션 소지자들이 콜옵션을 행사할 확률이 높아지면 어떻게 될까요? 마켓메이커 입장에서는 손해가 커지기 때문에 손해를 조금이라도 줄이기 위해 조금이라도 테슬라의 주식이 저렴할 때 미리 본주를 매수해 놓음으로써 헤징을 하겠죠. 이러한 행위가 오히려 더 주가를 올리는 정귀환회로(Positive Feedback Loop)의 역할을 함으로써 감마 스퀴즈가 터지게 됩니다.

【 테슬라 주가와 콜옵션 프리미엄 】

(단위: 달러, %)

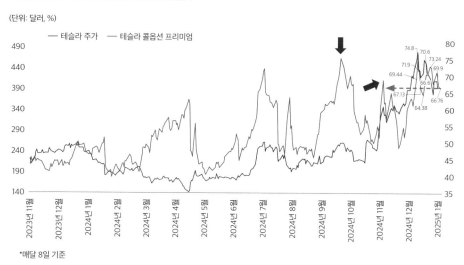

*매달 8일 기준

　　물론 감마 스퀴즈가 영원히 이어지면서 주가를 끌어올리는 것
은 아닙니다. 콜옵션을 매수하고자 하는 투자자가 몰리면서 감마
스퀴즈가 이어지는데, 콜옵션에 대한 수요가 높아지다 보니 당연
히 콜옵션을 매수하기 위해 들어가는 비용 또한 늘어납니다. 이것
을 바로 콜옵션 프리미엄이라고 합니다. 높은 콜옵션 프리미엄을
부담한다는 것은 일단 손해를 보고 시작한다는 것이기에 수익을
보려면 주가가 더 많이 올라가야 합니다. 그만큼 콜옵션 거래량이

뒷받침해주지 못하게 되고, 이에 따라 감마 스퀴즈가 풀리는 것은 필연적인 현상입니다.

감마 스퀴즈에 의해 주가가 올라간다는 것은 곧 감마 스퀴즈에 의해 주가가 떨어질 것이란 의미입니다. 그 타이밍을 이용해서 언제 추가 매수를 하는 것이 안전한지 판별하는 것이 관건이죠. 콜옵션 프리미엄과 테슬라 주가를 보면 양의 상관관계임을 알 수 있습니다. 물론 항상 그런 것은 아닙니다. 2024년 1분기에는 반대로 움직인 바 있는데요. 그것은 풋옵션 프리미엄이 콜옵션 프리미엄보다 높아서 그렇습니다. 풋옵션 프리미엄이 콜옵션 프리미엄보다 높을 때 주가는 음의 상관관계를 보입니다.

2024년 9월 콜옵션 프리미엄이 75%를 갱신했고, 높은 프리미엄을 감당하지 못해 거래량이 뒤따라오지 못하자 감마 스퀴즈에 의해 올랐던 주가가 조정을 받았습니다. 동일한 현상이 2024년 10월에도 있었는데요. 콜옵션 프리미엄이 69%를 갱신하면서 감마 스퀴즈에 의한 주가가 상승했지만, 콜옵션 프리미엄이 다시 48%까지 빠지면서 주가는 더 이상 상승하지 못하고 한동안 횡보했습니다.

콜옵션 프리미엄이 낮아졌다는 것은 다시 감마 스퀴즈가 잡힐 수 있는 가능성을 시사합니다. 즉 추매하기 좋은 위치일 수 있죠. 실제로 다시 콜옵션 프리미엄은 74.8%까지 올라가면서 테슬라의 주가는 480달러까지 상승합니다. 이후 높은 콜옵션 프리미엄을 감당하지 못해 콜옵션 거래량이 떨어졌고, 그 결과 테슬라의 주가는 횡보 및 하락하게 됩니다.

정리하면 콜옵션 프리미엄은 전고점인 69~75%라면 감마 스퀴즈가 빠질 여지가 많기 때문에 추매에 보수적인 자세를 취해야 합니다. 그와 반대로 콜옵션 프리미엄이 50% 초반이라면 약간의 호재만으로도 상승할 수 있기 때문에 추매를 고려할 수 있는 영역입니다.

지금까지 테슬라의 장단기 전망을 알아봤습니다. 장기적으로 테슬라가 밝은 미래를 갖고 있다면 해야 할 일은 기존의 물량을 잘 지키는 것입니다. 하지만 주식은 인간의 심리에 의해 영향을 받는 만큼 얼마든지 과매수 혹은 과매도 영역으로 갈 수 있습니다. 그렇기에 종종 기회가 찾아온다고 생각합니다. 장기적인 전망에 문제가 없다면 기존의 물량을 잘 유지하되, 높은 변동성을 이용해 안전마진이 높을 때 수량을 모아가기 바랍니다.

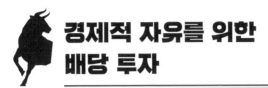

경제적 자유를 위한
배당 투자

투자에는 다양한 방식이 있습니다. 주가 상승의 모멘텀을 이용하는 모멘텀 추종 방식이 있고, 저평가 종목을 장기적으로 매집해서 고평가가 되었을 때 매도하는 가치투자가 있으며, 한편으로는 배당주를 사서 받는 배당금을 재투자하는 배당 투자가 있습니다.

투자자 개개인이 처해 있는 환경과 입장이 다르기에 어떠한 방식이 정답이라고 말할 수는 없지만, 만일 리스크를 좋아하지 않고 안정적으로 꾸준한 수입원이 있는 것을 원한다면 배당 투자가 적

잠든 사이 통장에 돈이 쌓이는 미국주식 투자 공식

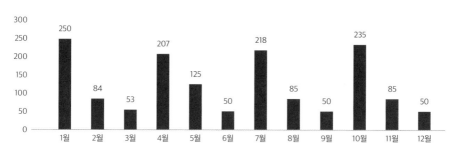

【 도키의 2024년 배당내역 】

(단위: 만 원)

격일 것입니다.

여기서 말하는 '배당주'란 단순히 2~3%의 배당을 주는 기업을 말하는 것이 아닙니다. 적은 돈으로 의미 있는 배당을 수령하려면 최소 5%에서 많게는 10% 이상의 배당을 주는 기업을 선택해야 합니다. 이러한 기업을 낮은 평단가에 모아둔다면 경제적 자유를 위한 든든한 버팀목이 될 수 있습니다. 물론 초보 투자자가 그러한 포트폴리오를 형성해나가는 과정은 쉽지 않습니다.

저는 세후 연 1,600만 원의 배당금을 받을 수 있는 포트폴리오를 구성해둔 상태입니다. 궁극적으로 추구하는 목표는 직장인 연봉만큼의 연간 현금흐름을 창출하는 것입니다. 제가 어떠한 방법으로 포트폴리오를 만들어나가고 있는지 공유해보고자 합니다.

좋은 배당주의
조건

큰돈을 들여 배당률이 높은 배당주에 투자하면 곧바로 목표 달성이 가능하지 않을까요? 하지만 직접 배당 투자를 시작해보면 생각만큼 쉽지 않다는 것을 알 수 있습니다. 기업에 대한 공부가 충분히 되어 있지 않은 상태에서는 좋은 배당주를 모으기 쉽지 않습니다. 특히 대부분의 투자자가 주가가 올라갈 때 주식을 사는 것을 선호하기 때문에 배당금 이전에 주가에서 큰 손실을 볼 수 있습니다. 반대로 주가가 너무 하락한 나머지 저평가라고 판단해 큰돈을 투자할 경우 소위 '배당컷'을 당하면 이 또한 큰 손실로 이어질 수 있습니다. 좋은 배당주를 선정하려면 다음의 조건을 만족해야 합니다.

1. 배당률이 5~10%인가?

2. 저평가된 가격인가?

3. 부채 상태는 어떻고, 경영진이 부채를 줄이려는 의지와 계획이 있는가?

4. 내부자 매수가 있는가?

5. 배당컷을 한 적이 있는가?

참고로 5번의 경우 일시적으로 배당컷 이력이 있더라도 다시 회복하려는 조짐이 보이면 괜찮습니다. 이러한 5가지 조건을 만족시키는 기업을 찾는 것은 쉽지 않지만 찬찬히 하나씩 살펴보겠습니다.

제가 3년 이상 장기투자를 하고 있는 배당주, 그리고 투자한 지 이제 1년이 넘은 배당주 2개 종목이 있는데요. 그 기업은 바로 에너지 트랜스퍼(ET)와 TC 에너지(TRP)입니다. 전자는 세후 기준으로 11%, 후자는 6.3%의 배당금을 지급받고 있으며 합해서 연간 5천 달러에 가까운 배당금을 받는 상황입니다.

물론 다른 배당주도 있으나 가장 성과가 좋고 유망한 2개 기업을 예시로 살펴보겠습니다. 가장 기본은 주가가 충분히 하락해 높은 배당률을 기록할 때 공격적으로 매집하는 것입니다. 주가가 충분히 많이 오른 기업을 단기적으로 트레이딩하는 것이 아닌, 저평

【 도키가 소유한 배당주 】

구분	에너지 트랜스퍼	TC 에너지
평단가	10.2달러	37.55달러
배당률	10.85%	6.33%
예상 배당액(연)	2,574달러	2,390달러

가된 기업을 매집해 배당을 받아 재투자함으로써 장기투자를 하는 것이죠.

여기서 중요한 것은 결과가 아닙니다. 어떠한 과정을 거쳐서 이 2개의 기업을 매수했고 꾸준히 매집했는지가 중요합니다. 배당주도 마찬가지로 가장 기본은 펀더멘털입니다. 펀더멘털이 좋은 가운데 밸류에이션상 저렴해야 합니다. 아무리 배당이 좋은 기업이라고 할지언정 주가가 이미 고평가라면 배당률은 줄어들기 마련이고, 주가가 충분히 하락해야만 높은 배당률을 유지할 수 있습니다.

에너지 트랜스퍼의 경우 평단가 기준으로 정확히 10.85%의 배당을 받고 있는데요. 만약 2025년 2월 평단가에 매수한다면 배당률은 6.5%로 떨어지게 됩니다. 그렇기에 기업이 내재적으로 문제

잠든 사이 통장에 돈이 쌓이는 미국주식 투자 공식

가 없는 상태에서 외적인 문제로 인해 주가가 하락했다면, 즉 높은 배당률을 보이고 있을 때 포지션을 잡는 것이 중요합니다. 펀더멘털이 중요한 이유는 외적인 문제를 회사가 버티고 넘어설 수 있을 정도로 펀더멘털이 강해야 하기 때문입니다. 위기를 극복하고 상황이 개선될 때 시세차익과 배당 수익, 두 마리 토끼를 얻을 수 있습니다.

배당주를 매집 할 수 있는 가장 좋은 환경은 금리 인상 기조가 이어질 때입니다. 다른 배당주도 마찬가지겠지만 제가 투자한 에너지 트랜스퍼와 TC 에너지는 원유 미드스트림 기업으로 특성상 많은 부채를 갖고 있습니다. 금리 인상 시기에는 부채에 대한 이자도 함께 상승하기 때문에 배당주가 약세를 보이는데요. 펀더멘털이 강한 배당주는 배당컷 없이 잘 버티는 반면, 펀더멘털이 약한 기업은 배당컷을 하면서 금리가 인하될 때까지 웅크리곤 합니다.

그럼 한 예시로 제가 어떠한 이유에서 TC 에너지를 대상으로 투자하고 있는지 알아보겠습니다. 제가 처음 투자했을 당시 36달러로 P/OCF Ratio 관점에서 6.76배를 받고 있었습니다. TC 에너지의 20년 평균 P/OCF Ratio는 8.25배였기 때문에 주가 하락의 근거가 사라진다면 약 35%의 주가 상승을 기대할 수 있는 상태였죠. 즉 TC 에너지는 저평가 상태였습니다. 악재가 주가에 반영되어 있는 상태란 의미입니다.

주가가 상승하려면 반영되어 있는 악재가 해소되어야만 합니다. 그러려면 악재가 무엇인지 알아야겠죠? TC 에너지는 미드스트림 기업이고 고배당주인 만큼 부채비율이 5배에 달했습니다. 수익 대비 부채가 많았죠. TC 에너지보다 과거에 투자한 에너지 트랜스퍼 또한 부채비율이 5배였는데요. 그만큼 금리가 높아 이자 출혈이 심했고 주가는 낮은 상황이었습니다.

고금리 환경도 문제였지만 주가를 약세에 접어든 이유는 따로 있었습니다. 바로 높은 투자 비용이었는데요. 자본 지출만 2022년 기준 10B에 달했을 정도로 굉장히 높았습니다. 잉여현금흐름은 영업현금흐름에서 자본 지출을 차감된 것으로, 자본 지출이 높으면 높을수록 기업의 펀더멘털은 약하기 마련입니다. TC 에너지의 자본 지출이 컸던 이유는 추진하고 있던 프로젝트(코스탈 가스링크 파이프라인) 때문이었는데요. 이로 인해 잉여현금흐름이 낮아 높은 부채를 감당하는 데 어려움을 겪었습니다.

높은 금리 그리고 높은 투자 비용은 TC 에너지의 재무 현황을 약하게 만들었고, 그것이 주가에 반영되면서 최저점에 가깝게 주가가 하락한 것이죠. 이 대목에서 중요한 것은 이러한 악재가 과연 해소될 수 있느냐의 여부입니다. 만약 경영진이 악재를 해소시킬 계획과 의지를 갖고 있다면 주가 하락은 좋은 기업을 좋은 배당률로 모을 수 있는 절호의 기회가 되기 때문입니다.

TC 에너지라는 기업이 어떠한 이유에서 하락했는지를 파악했고, 밸류에이션 관점에서 저평가인 것도 알았습니다. 남은 것은 악재가 조만간 해소될 수 있는지 알아보는 것입니다. 우선 금리 인하가 되는 것은 시간문제였으며, 점차적으로 인플레이션이 약해지흐름이 잡히고 있었습니다.

그럼 남은 것은 자본 지출 전망인데요. 어닝콜에 의하면 코스탈 가스링크 파이프라인을 제외하면 더 이상 추가적인 사업 계획은 없으며, 자본 지출 역시 10B에서 3B나 줄어든 7B 정도에서 유지될 것이라고 밝혔습니다. 거기다가 2023년 9월 29일 〈캐나디언프레스〉 보도에 따르면 코스탈 가스링크 파이프라인은 이미 약 98% 완공된 상태였습니다. 해당 프로젝트로 인해 추가로 비용이 늘어날 일은 없었죠. 오히려 이 프로젝트로부터 얻을 수 있는 EBITDA 성장률은 5%로, 비용이 줄고 수익이 늘어나는 터닝 포인트에 다다른 셈입니다.

【 TC 에너지의 자본 지출 】

(단위: B)

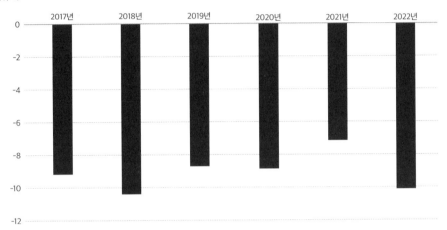

　무엇보다도 중요한 것은 부채를 줄이고자 하는 경영진의 의지입니다. TC 에너지의 경영진은 2024년 말까지 5B의 부채비율을 4.75배까지 줄이겠다는 목표를 밝혔으며, 3B어치의 자산 매각까지 고려하는 등 재무 개선의 의지를 표명했습니다.

　그리고 추가적으로 TC 에너지는 사우스 보우(SOBO)의 분사를 추진합니다. TC 에너지는 자원을 수송하기 위해 천연가스와 원유를 보유하고 있는데, 원유 사업부의 수익성이 좋지 않아 시장으로부터 저평가를 받고 있는 상황이었습니다. 그래서 사우스 보우를 분사함으로써 기업의 가치를 재고할 계획을 발표합니다.

주가가 크게 하락한 이유는 고금리에 의한 높은 이자 비용, 그리고 높은 투자 비용이었는데요. 기업은 자산 매각과 분사를 통해 부채 비율을 4.75배까지 줄이겠다는 해결 방안은 제시했습니다. 그럼에도 불구하고 기업의 밸류에이션은 저평가 상태였습니다. 호재가 전혀 반영되지 않았기에 최선을 다해 매집해놓는다면 훗날 적정 주가 혹은 고평가 상태일 때 시세차익을 기대할 수 있는 상황이었죠. 물론 높은 배당금은 덤이고요.

만약 시장이 TC 에너지에 대한 관심이 높아 이러한 호재를 선반영했다면 애초에 매수를 고려하지 않았을 것입니다. 하지만 TC 에너지의 밸류에이션은 이미 악재를 다 반영하고 있었고 호재는 전혀 반영되지 않았기에 제 입장에서는 적은 리스크로 좋은 주식을 모을 수 있는 절호의 기회였습니다. 이에 따라 TC 에너지의 주가는 23% 상승하는 모습을 보여줍니다. 여기서 중요한 것은 23%라는 수익률이 아닙니다. 가장 중요한 것은 기업의 주가가 올라갈 것이라는 확신을 얻는 과정입니다. 확신은 투자 수량에 비례합니다. 확신이 큰 만큼 높은 비중으로 TC 에너지를 매집했고, 그 결과 분기에 한 번씩 만족스러운 배당금을 수령하게 됩니다.

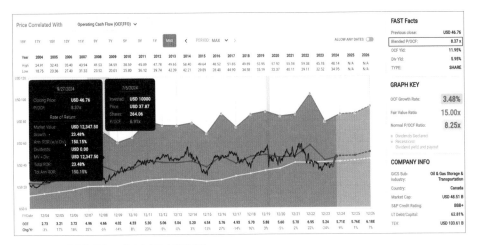

FAST Graphs에서 확인한 TC 에너지의 주가와 멀티플

　주가가 저점 대비 23% 상승했으니 수익 실현에 대한 욕구가 생기는 것도 사실입니다. 수익 실현을 하는 것은 순전히 투자자의 마음이며, 시세차익이 높다면 얼마든지 매도가 가능합니다. 수익 실현에도 기준이 필요하겠죠? 그중 하나는 바로 기업의 고평가 여부입니다.

　주가가 23% 상승한 TC 에너지는 8.37배의 P/OCF Ratio를 보이고 있는 상태입니다. 지난 20년에 가까운 기간 동안 평균 P/OCF Ratio가 8.25배였기에 적정 주가, 고평가 영역에 발을 들인 것입니다. 주가를 의미하는 검정색 선이 적정 주가를 의미하는 파란색 선보다 좀 더 높은 위치에 도달해 있기에 이제 저평가는 아닌 것이죠.

저평가 때 최선을 다해 대응했고, 기업의 악재가 해소됨에 따라 주가가 올라서 적정 주가까지 왔다면 어떻게 대응해야 할까요? 이제부터 필요 이상으로 수량을 늘릴 필요는 없습니다. 충분히 공부했고 저평가란 확신이 있어 수량을 모았다면, 그 수량이 곧 나의 진짜 그릇입니다. 그 그릇만큼 수익을 얻으면 되는 것이죠.

주가 상승과 함께 TC 에너지가 적정한 밸류에이션에서 거래되고 있다면 이제부터 중요한 것은 엑시트 시기입니다. 엑시트 기준은 장기투자에 대한 근거와 관련이 있습니다. TC 에너지의 경우 다음의 3가지 장기투자 근거를 저에게 제시합니다.

첫째, TC 에너지는 천연가스를 수송하는 미드스트림 기업입니다. AI가 미래라면 AI에 의한 전력 수요는 굉장히 높아질 것이고, 이 과정에서 수혜를 받을 수 있는 기업은 천연가스 분야입니다.

둘째, 연준은 2024년 말 기준금리를 1%p 인하한 후, 2025년 1월 금리를 동결했습니다. 여전히 기준금리는 높은 상태이고 장기적으로 금리 인하가 되는 과정에서 부채 이자에 대한 부담이 줄어든다면 수혜를 기대할 수 있습니다. 물론 금리가 동결 및 재인상이 되면 하방 압력을 받겠지만 반대로 생각하면 이때가 또 매집 기회일 수 있겠죠.

셋째, TC 에너지가 위치한 섹터는 환경단체의 개입으로 인해 새로운 경쟁사가 생기기 힘든 구조입니다.

기업의 펀더멘털이 충분히 강하고 높은 배당을 수년에 걸쳐서 받을 수 있기에 안정적인 제2의 수입원을 추구하는 입장이라면 매도할 필요성을 크게 느끼지 못하겠죠.

참고로 TC 에너지는 사우스 보우를 2024년 10월 7일부로 분사시켰는데요. 이 과정에서 TC 에너지 주주는 사우스 보우의 주식을 5:1의 비율로 추가로 받게 되었습니다. 사우스 보우의 분사로 약 14%의 배당이 줄었지만, 사우스 보우 측에서 14%에 달하는 배당을 주기 때문에 두 회사의 주식을 그대로 보유한다면 받는 배당금에 있어서는 차이가 없습니다. 그럼 여기서 중요한 것은 새로 받게된 사우스 보우의 주식을 어떻게 할 것인지 여부입니다. 당연히 해당 기업에 대해 알아보는 '숙제'가 필요합니다. 사우스 보우에 대한 저의 관점은 이렇습니다.

첫째, 사우스 보우는 9.3%라는 매력적인 배당률을 제시합니다.

잠든 사이 통장에 돈이 쌓이는 미국주식 투자 공식

Pipeline	Length	Description	Ownership
Keystone	4,327-km (2,689-mile)	Transports crude oil from Hardisty, Alberta to U.S. markets at Wood River and Patoka, Illinois, Cushing, Oklahoma and the U.S. Gulf Coast.	100%
Marketlink		Transports crude oil from Cushing, Oklahoma to the U.S. Gulf Coast on facilities that form part of Keystone.	100%
Grand Rapids	460-km (286-mile)	Transports crude oil from the producing area northwest of Fort McMurray, Alberta to the Edmonton/Heartland, Alberta market region.	50%
White Spruce	72-km (45-mile)	Transports crude oil from Canadian Natural Resources Limited's Horizon facility in northeast Alberta to the Grand Rapids pipeline.	100%
HoustonLink	15-km (9-mile)	Connects Keystone and Marketlink to ONEOK's East Houston terminal. ONEOK operates the HoustonLink Pipeline.	50%
Port Neches	6-km (4-mile)	Transports crude oil from Keystone and other liquids terminals in the Port Arthur, Texas area to the Motiva terminal in Port Neches, Texas.	74.9%
Blackrod Connection	25-km (16-mile)	Upon completion, will provide a connection from IPC's Blackrod Project to transport crude oil to the Grand Rapids Pipeline System and a 25-km (16-mile) natural gas supply pipeline connecting to TC Energy's NGTL system.	100%

사우스 보우 IR 자료

둘째, 우선 TC 에너지로부터 분사된 기업으로 원유 쪽 파이프라인을 보유하고 있습니다. 사우스 보우의 자산 중에서 가장 좋은 자산은 키스톤 파이프라인 시스템인데요. 마켓링크 파이프라인 쪽의 수익원이 안정적이지 않기 때문에 이 숙제를 경영진이 어떻게 해결하는지가 큰 관건입니다.

셋째, 사우스 보우는 부채를 줄이는 데 집중함과 동시에 EBITDA에 있어서 약 매년 2~3% 정도씩 성장하는 것을 목표로 잡고 있습니다.

경영진이 75%의 현금흐름을 부채를 갚는 데 사용한다고 가

정하면 약 1.1B 정도의 부채를 4년 정도에 걸쳐서 갚게 됩니다. 2028년이면 부채는 7.9B에서 1.1B 차감된 6.8B가 될 것입니다. 이 과정에서 EBITDA는 1.68B 정도가 되고, 그렇게 되면 부채 대비 EBITDA 비율(Debt-to-EBITDA Ratio)은 4.05배가 될 것입니다. 만약 장기투자를 고려한다면 이러한 숙제를 경영진이 착실하게 해나가는지 매번 실적 발표 때마다 지켜볼 필요가 있습니다.

어떤 기업을
눈여겨봐야 할까?

악재가 선반영되었다면
턴어라운드를 기대하라

제가 2025년 초, 예의주시하고 있는 기업은 2개입니다. 바로 AMD(AMD)와 CVS 헬스(CVS)입니다. 2개 기업 모두 상당히 저평가되어 있는 기업인지라 앞으로의 전망을 예의주시하면서 비중을 늘려나갈 계획입니다. 물론 전망이 좋지 않다면 당연히 손절을 해야 하는 만큼 상황을 면밀히 검토해야 합니다. 중요한 것은

The following tables disaggregate the Company's revenue by major source in each segment for the three and nine months ended September 30, 2024 and 2023:

In millions	Health Care Benefits	Health Services	Pharmacy & Consumer Wellness	Corporate/ Other	Intersegment Eliminations	Consolidated Totals
Three Months Ended September 30, 2024						
Major goods/services lines:						
Pharmacy	$ —	$ 41,350	$ 26,666	$ —	$ (13,357)	$ 54,659
Front Store	—	—	5,196	—	—	5,196
Premiums	30,914	—	—	11	—	30,925
Net investment income (loss)	423	(1)	—	128	—	550
Other	1,659	2,780	561	3	(905)	4,098
Total	$ 32,996	$ 44,129	$ 32,423	$ 142	$ (14,262)	$ 95,428

CVS 헬스의 매출 자료

제가 종목을 바라보는 관점, 그리고 근거를 분석하는 과정입니다. 이러한 방식을 하나의 툴로 삼아 관심 있는 종목에 적용해봄으로써 높은 초과수익을 노릴 수 있습니다.

가장 먼저 제가 왜 CVS 헬스에 관심을 갖게 되었는지 살펴보겠습니다. 우선 CVS 헬스의 경우 고점 대비 50% 넘게 하락했는데요. 거시적인 악재 그리고 기업 자체적인 악재가 발생하면서 나온 결과입니다.

우선 CVS에 있어서 가장 큰 매출액을 담당하고 있는 부서는 헬스 서비스 분야로 전체 매출액의 46%를 담당하고 있습니다. 이러한 헬스 서비스는 제약사와 소비자 사이의 중간 역할(PBMs)을 함으로써 수익을 챙기는 방식입니다. 이때 발생하는 중간 수수료 때문에 약값이 과도하게 비싸진 나머지 사람들이 피해를 본다는 주장이 대두되는데요. 정부가 바뀔 때마다 이 '수수료'를 인하하거나 없애겠다는 논의가 활발히 벌어집니다. 실제로 트럼프는 2024년 12월 PBMs를 두고 "중간에서 이익만 챙긴다"라고 발언하며 강하게 비판한 바 있습니다.

PBMs가 약값을 늘린다는 이유로 아예 없애야 한다는 목소리가 커지면서 CVS 헬스는 불똥을 맞게 됩니다. 이 부분이 매출액에서 매우 큰 부분을 차지하는 만큼 악재가 선반영되어 주가는 큰 폭으로 하락합니다. 트럼프 정권이 들어오면서 관련 논란이 터진 이유는 2024년 민간 보험사의 메디케어 어드밴티지(MA: Medicare Advantage) 프로그램의 지급액 인상률을 3.3%로 제한했기 때문입니다. 메디케어 어드밴티지는 미국의 65세 이상 노인과 특정 장애인을 위한 건강보험 제도인 메디케어(Medicare)의 민영화 버전으로, 보험사들은 매년 정부로부터 받는 지원금이 인상되길 기대합니다. 하지만 3.3%라는 예상했던 것보다 낮은 수치가 발표되면서 CVS 헬스에 악재가 되었습니다.

이러한 매크로 악재로 인해 유나이티드헬스(UNH)의 경우

CVS 헬스가 발표한 케어마크 트루코스트

2024년 3분기 의료손실률(MLR) 85.2%를 기록합니다. 이는 전년도 82.3%와 애널리스트들의 예측치 84.2%를 모두 상회하는 수치입니다. CVS 헬스의 경우는 무려 92%를 기록함으로써 큰 타격을 입었습니다.

PBMs가 개혁되어야 한다고 공격을 받고 있는 상태에서 CVS 헬스라고 가만히 있는 것은 아닙니다. 약값을 과하게 높이는 데 일

잠든 사이 통장에 돈이 쌓이는 미국주식 투자 공식

조한다는 논란을 없애기 위해 CVS 헬스는 케어마크 트루코스트 (Caremark TrueCost)를 도입한다고 밝혔습니다. CVS 헬스는 이러한 모델 도입을 통해 약가 책정의 투명성을 높이고, 고객사와 환자에게 더 큰 가치를 제공하고, PBMs의 신뢰도를 향상시키겠다고 밝혔습니다. 만약 투자를 고려한다면 관련 내용을 자세히 공부해볼 필요가 있습니다.

이러한 가운데 미 정부기관 CMS는 2026년 메디케어 어드밴티지 프로그램 인상률을 기존 3.3%에서 4.3%로 올릴 것을 제안했는데요. 이 부분은 CVS 헬스의 주가 상승에 긍정적으로 적용할 것으로 전망됩니다.

CVS 헬스가 고점 대비 50% 이상 주가가 하락한 이유를 정리하면 다음과 같습니다.

1. PBMs가 개혁의 타깃이 되면서 이에 따른 매출 비중이 큰 기업은 주가가 하락했다.

2. 메디케어 어드밴티지 프로그램 인상률이 제한되면서 상황이 악화되었지만, 이번에 4.3%가 되었기에 상황은 개선될 것으로 보인다.

악재가 주가에 미리 반영되면서 고점 대비 반토막이 났는데, 이제 눈여겨봐야 할 것은 현재의 주가가 충분히 저렴한지입니다. 주가가 반토막 났어도 밸류에이션 관점에서 고평가라면 보다 하락해도 이상하지 않겠죠. 반면 저평가라면 악재가 다 반영되었다고 볼 수 있습니다.

P/E Ratio 멀티플을 기준으로 보면 CVS 헬스는 2025년 1월 17일 기준 10.15배에 거래되고 있는 상태로 딱 적정 주가에 있다고 해도 과언이 아닙니다. 10년에 걸쳐서 시장은 CVS 헬스를 대상으로 10.15배의 멀티플을 줬고, 2024년에 EPS 성장률은 2023년 대비 무려 41%나 하락한 상태입니다. 만약 여기서 정말 보수적으로 멀티플이 개선되지 않는다고 해도, 2025년에 16%의 EPS 성장률을 보여줄 수 있다면 최소 15.5%의 수익률을 기대할 수 있습니다.

애널리스트들의 예측치를 본 다음 재무제표를 보면, 2024년에 주가가 하락한 만큼 성장률 또한 상당히 안 좋았음을 알 수 있습니다. 현금흐름은 2023~2024년 역성장했습니다. 하지만 이제 2025년을 시작으로 턴어라운드를 앞두고 있고, 이러한 성장률이 2027년까지 계속 이어질 전망입니다. 여기서 상황이 악화될

잠든 사이 통장에 돈이 쌓이는 미국주식 투자 공식

【 CVS 헬스 재무제표와 예측치 】

기간	2023년	2024년	2025년	2026년	2027년
EPS, Adj+	0.58	-40.75	15.32	16.26	20.79
EPS, GAAP	106.05	-47.83	40.01	19.37	21.86
Revenue	10.95	3.95	4.05	4.91	5.42
Gross Margin %	-9.64	-9.41	0.30	1.57	1.14
Operating Profit	72.78	-18.25	12.14	12.21	19.11
EBIT	1.28	-35.32	12.13	13.02	14.58
EBITDA	1.67	-27.87	11.39	9.28	12.25
Pre-Tax Profit	3.64	-43.76	25.95	16.45	20.93
Net Income, Adj+	-1.97	-41.85	16.03	13.65	18.20
Net Income, GAAP	100.34	-53.78	59.53	18.52	21.03
Net Debt	23.49	-17.91	-6.73	-5.98	-1.50
BPS	7.98	2.19	3.76	3.10	2.86
CPS	-15.26	-38.36	5.77	20.38	-11.10
DPS	10.00	8.33	0.20	6.97	13.08
Return on Equity %	91.74	-36.54	13.95	19.21	6.80
Return on Assets %	86.78	-45.15	26.37	30.85	5.79
Depreciation	4.17	2.36	1.95	4.51	5.32
Amortization	–	–	-1.54	1.65	0.45
Free Cash Flow	-22.71	-35.46	22.77	11.57	7.64
CAPEX	11.15	-6.46	7.90	4.07	5.71
Net Asset Value	–	–	3.95	2.67	2.29

수 있냐고 묻는다면 불가능하진 않지만 확률이 낮다고 볼 수 있습니다.

그럼 이제 두 번째 기업 AMD로 넘어가볼까요? AMD의 현재 상태는 어떨까요. 우선 이번 2024년 4분기 실적을 보면 실적과 가이던스에는 큰 문제가 없었습니다. 하지만 엔비디아에 비해 데이터센터 부문에서 좋은 실적을 보여주지 못하면서 고점 대비 40% 하락한 바 있습니다. 이에 대한 주요 애널리스트들의 코멘트는 다음과 같습니다.

Harlan Sur(JP모건) : AMD의 데이터센터 GPU 선장 전망은 올해 첫 반기에 둔화될 것으로 예상됩니다. 그러나 회사는 4분기 강력한 성과를 보고했으며 매출과 총마진이 예상을 초과했습니다.

Stacy Rasgon(번스타인) : AMD의 데이터센터 부문은 기대에 한참 못 미쳤습니다. 총마진은 대체로 예상에 부합했지만 운영비는 예상보다 높았습니다.

Mark Lipacis(에버코어 ISI) : AMD의 3월 분기 EPS 전망을 회사가 데이터센터 GPU 사업의 성장이 올해 첫 반기에 멈출 것으로 예측하면서 기대에 미치지 못했습니다.

잠든 사이 통장에 돈이 쌓이는 미국주식 투자 공식

FAST Graphs에서 확인한 AMD의 주가와 멀티플

데이터센터에서 컨센서스 대비 약 5.76% 하회하면서 엔비디아에 비해 GPU 경쟁력에서 많은 의문이 있다고 시장은 바라보고 있습니다.

GPU 성능이 엔비디아에 비해 떨어진다는 평가로 AMD는 전고점 대비 40% 하락했는데요. 이러한 악재 요소가 밸류에이션 관점에서 충분히 선반영된 걸까요? 지금 AMD의 P/E Ratio 멀티플은

31배로, 6년 평균 40배(파란색 점선) 대비 약 73% 저평가를 받고 있음을 볼 수 있습니다.

주가의 흐름은 성장률에 따라 달려있는데요. 2023년 12월부터 2024년 12월까지 순이익 성장률은 24% 역성장했지만, 2024년 12월부터 2025년 12월까지는 39% 성장할 것이라고 애널리스트들은 예측하고 있습니다. 만약 AMD가 실제로 이러한 흐름에 부합하는 실적을 보여준다면 주가는 올라갈 수 있겠죠.

그럼 어떻게 했을 때 비로소 AMD는 애널리스트들의 기대치에 부합하는 실적을 보여줄 수 있을까요? 앞으로의 전망을 볼 때 유용한 자료를 얻을 수 있는 곳은 실적 발표가 끝나고 이어지는 어닝콜입니다. 어닝콜에서 애널리스트들이 중요하게 생각하는 질문을 경영진에게 전달하는데, 먼저 어떠한 질문이 나오는지를 통해 중요한 힌트를 얻을 수 있습니다. 경영진의 답을 통해 언제부터 기업의 실적이 턴어라운드할 것인지를 예측할 수 있죠. 참고로 어닝콜에 대한 자료는 시킹알파(seekingalpha.com)에서 얻을 수 있습니다.

비록 2024년 4분기 실적은 좋지 않았으나, AMD의 CEO 리사 수는 적어도 2025년 2분기를 시작으로 데이터센터가 강력한 두

자릿수 성장률을 보여줄 것이라고 전망했습니다. AMD의 CEO가 내다보는 전망과 FAST Graphs에서 애널리스트들이 전반적으로 바라보고 있는 성장률이 일치하는 모습입니다. 실제로 그런 모습을 앞으로 보여줄 수 있다면 저평가일 테니 분할 매수로 대응한다면 나쁘지 않은 선택지가 되리라 봅니다.

- 주식 시장에서 기업의 가치는 하루하루 변하기 때문에 매수·매도·홀딩이라는 3가지 선택지를 가늠하며 매번 어떤 상황이 벌어지고 있는지 살펴봐야 한다.

- 테슬라의 장기적인 전망에 문제가 없다면 기존의 물량을 잘 유지하되, 높은 변동성을 이용해 안전마진이 높을 때 수량을 모아가기 바란다. 밸류에이션을 기준으로 고평가라면 대응 시 비중을 보수적으로 잡고, 저평가라면 비중을 상대적으로 높여도 괜찮을 것이다. 고평가여도 시장이 몇 년도까지의 실적을 얼마나 반영하는지 인지해두자. 예를 들어 테슬라가 2025년 12월 실적을 선반영하고 있어도, 2026년 12월 실적은 선반영되지 않은 상태일 수 있다. 만약 2년 이상의 실적을 선반영하고 있다면 보수적인 자세를 갖자. 왜냐하면 실적이 안 좋다면 미래 컨센서스가 얼마든지 하향 조정될 수 있기 때문이다.

- 좋은 배당주인지 여부는 다음을 확인해야 한다. 첫째, 배당률
  이 5~10%인가? 둘째, 저평가된 가격인가? 셋째, 부채 상태는
  어떻고, 경영진이 부채를 줄이려는 의지와 계획이 있는가? 넷
  째, 내부자 매수가 있는가? 다섯째, 배당컷을 한 적이 있는가?

- 악재가 주가에 선반영되었고, 그것을 극복할 펀더멘털이 충분
  하다면 턴어라운드를 기대할 수 있다.

경제적 자유를
응원합니다

　마지막까지 제 글을 읽어주셔서 감사합니다.

　많은 사람이 주식을 처음 접했을 때 어떠한 방식으로 공부를 해서 투자를 해야 하는지 어려움을 겪곤 합니다. 저 또한 고난을 겪었지만 워런 버핏, 벤저민 그레이엄, 피터 린치 등 대가의 족적에서 배움을 얻었고, 그 결과 투자의 세계에도 일반적으로 통용되는 '방법'이 존재한다는 것을 깨달았습니다. 그 방법을 나에게 맞춰 적용함으로써 투자 원칙을 세울 수 있었죠.

　제 원칙은 좋은 주식을 가능한 저렴한 가격에 매수하고 기다리

　잠든 사이 통장에 돈이 쌓이는 미국주식 투자 공식

는 것입니다. 좋은 주식, 저렴한 가격 여부를 알기 위해서는 펀더멘털이 좋은 기업의 재무제표를 확인해야 합니다. 그다음 만약 저평가라면 원인을 파악하고 그 원인이 단기적으로 해소될 수 있는 문제인지 판단합니다. 그러면 비로소 좋은 주식을 저렴한 가격으로 살 수 있습니다. 물론 저렴한 가격에 산다고 해도 시장이 좋은 기업을 다시 알아보기까지는 시간이 걸리기에 인내심이 필요합니다.

기업의 펀더멘털, 밸류에이션, 거시경제 그리고 시장 내에 존재하는 다양한 변수와 메커니즘을 알아둔다면 안정적으로 장기투자를 하는 데 큰 도움이 될 것입니다. 그러한 부분을 감안하고 이 책을 집필하였습니다.

혹시 궁금한 게 있다면 언제든지 제 유튜브 채널 혹은 네이버 프리미엄콘텐츠를 통해 연락을 주기 바랍니다. 제가 답변할 수 있는 선에서 최선을 다해 답변하겠습니다.

끝으로 이 책이 나올 수 있도록 제안해주신 원앤원북스 편집팀, 그리고 옆에서 항상 응원해준 아내 경래, 항상 웃음을 안겨주는 제 딸 유이에게 감사하다는 말씀을 전하고 싶습니다. 그리고 제가 꾸준히 투자 및 리서치 활동을 이어갈 수 있도록 도움을 준 구독자들에게도 감사의 인사를 전합니다. 여러분의 경제적 자유를 응원합니다.

레퍼런스로 유용한 미국주식 사이트

- CNBC(www.cnbc.com):
  미국 및 글로벌 경제 뉴스를 제공하는 곳

- Dividend.com(www.dividend.com):
  배당주 투자자를 위한 배당 일정 및 수익률 정보를 제공하는 곳

- ETF.com(www.etf.com):
  해외 ETF에 대한 모든 정보를 보여주는 사이트

- FAST Graphs(fastgraphs.com):
  펀더멘털 분석에 특화된 데이터 제공 플랫폼

- GAMMALAB(signup.gammalab.io):
  딜러 흐름, CTA 포지션 추적기, 실시간 시장 뉴스를 제공하는 플랫폼

- Stock Unlock(stockunlock.com):
  다양한 지표를 확인할 수 있는 곳

- Treasury Direct(www.treasurydirect.gov):
  채권 입찰 결과를 알 수 있는 곳

- ZEROHEDGE(www.zerohedge.com):
  매크로 경제, 금융 시장 이슈, CTA 관련 자료 등을 얻을 수 있는 곳

- **나스닥**(www.nasdaq.com):
  나스닥 상장 기업들의 공식 정보를 제공하는 곳

- **마켓비트**(www.marketbeat.com):
  월가 애널리스트들의 목표 주가를 제공하는 곳

- **미국증권거래위원회 SEC**(www.sec.gov):
  상장 기업의 실적과 공시 자료를 확인할 수 있는 곳

- **시킹알파**(seekingalpha.com):
  종목에 대한 다양한 시각의 분석과 뉴스를 볼 수 있는 곳

- **야후 파이낸스**(finance.yahoo.com):
  주요 지수, 관련 뉴스, 차트, 재무 데이터 등 일반적인 정보 제공

- **인베스팅닷컴**(kr.investing.com):
  주식, 외환, 원자재, 금리 등 실시간 시세 확인이 가능한 곳

- **트레이딩뷰**(TradingView):
  미국주식 차트를 확인할 수 있는 곳

- **팁랭스**(www.tipranks.com):
  개별 기업에 대한 월가 애널리스트의 평균 의견과 목표 주가를 확인
  가능한 곳

- **핀비즈닷컴**(finviz.com):
  주식 시장의 흐름을 한눈에 파악할 수 있는 사이트

잠든 사이 통장에 돈이 쌓이는
미국주식 투자 공식

초판 1쇄 발행 2025년 3월 10일

지은이 | 도키
펴낸곳 | 원앤원북스
펴낸이 | 오운영
경영총괄 | 박종명
편집 | 이광민 최윤정 김형욱
디자인 | 윤지예 이영재
마케팅 | 문준영 이지은 박미애
디지털콘텐츠 | 안태정
등록번호 | 제2018-000146호(2018년 1월 23일)
주소 | 04091 서울시 마포구 토정로 222 한국출판콘텐츠센터 319호(신수동)
전화 | (02)719-7735   팩스 | (02)719-7736
이메일 | onobooks2018@naver.com   블로그 | blog.naver.com/onobooks2018
값 | 23,000원
ISBN 979-11-7043-623-2 03320